BIOskop

Einführungsphase SII
Nordrhein-Westfalen

Aufgabenlösungen

W0179310

Autor
Rüdiger Schmalz

unter Mitwirkung von
Franz Stoppel

westermann

Druck A^4 / Jahr 2018
Alle Drucke der Serie A sind im Unterricht parallel verwendbar.

Redaktion: Dr. Barbara Lübben
Satz: Grepect GmbH, Garbsen
Umschlaggestaltung: Jennifer Kirchhof
Typographie: Andrea Heissenberg
Grafiken: Julius Ecke, www.naturstudiendesign.de
Druck und Bindung: westermann druck GmbH, Braunschweig

ISBN 978-3-14-**150581**-8

Inhaltsverzeichnis

1 Bau und Funktionen von Zellen

1.1 Ebenen der biologischen Organisation – Systemebenen

1

zu Abb. 2:

Information	Ebene
Die Seidenpflanze enthält Herzglykoside.	Moleküle
Die Raupen der Monarchfalter sind auf die Seidenpflanze als Futterpflanze angewiesen.	Lebensgemeinschaft
Herzglykoside sind abhängig von der Konzentration giftig.	Moleküle
Die Raupen der Monarchfalter reichern Herzglykoside im Körper an, ohne sich zu vergiften. Diese Fähigkeit ist genetisch bedingt. Die Herzglykoside bleiben auch im Falter erhalten.	Moleküle, Organe, Organismus
Fressfeinde wie der Blauhäher zeigen nach dem Verzehr von Faltern Vergiftungserscheinungen: Erbrechen, Übelkeit, Gleichgewichtsstörungen. Sie meiden zukünftig die Monarchfalter.	Moleküle, Organe, Lebensgemeinschaft
Monarchfalter besitzen eine Warntracht.	Organe, Art
Andere Schmetterlingsarten ahmen die Warntracht nach und werden daher auch nicht gefressen.	Lebensgemeinschaft

zu Abb. 3:

Information	Ebene
Marasmus – allgemeine Unterernährung, die Ernährung ist protein- und energiearm.	Moleküle, Organismus
Verbreitet bei Kindern, die zu früh abgestillt wurden. Bei Mangelernährung: Abgemagerter Körper, die Kinder sind apathisch.	Organismus
Kwashiorkor entsteht durch das Fehlen essentieller Aminosäuren.	Moleküle
Grund ist häufig das Fehlen von Lysin in der auf Mais basierenden Ernährung.	Moleküle
Folge ist eine starke Abnahme von Blutproteinen.	Moleküle
Dadurch kommt es zu verzögertem Wachstum, Anämie, Muskelschwäche, aufgequollenem Bauch und starken Durchfällen.	Organe, Organismus
Kwashiorkor ist durch eine hohe Empfänglichkeit für Infektionen und eine hohe Sterblichkeit gekennzeichnet.	Organismus

1.2 Wissenschaftlicher Erkenntniszuwachs zum Zellaufbau durch technischen Fortschritt

1

a)

	Lichtmikroskop	Rasterelektronenmikroskop
Strahlen	Sichtbares Licht	Elektronenstrahlen
Lenkung der Strahlen	Linsen, Kondensor	Ringförmige Anode, Magnetfeld von Spulen
Druck im Mikroskop	Normaldruck	Hochvakuum
Detektor	Auge	Elektronendetektoren, deren Daten vom Computer in ein Bild umgerechnet werden
Art der Untersuchung	Die Lichtstrahlen gehen durch das Objekt hindurch, die unterschiedliche Absorption ergibt das Bild.	Die Elektronenstrahlen werden an der Oberfläche des Objektes reflektiert und die reflektierten Elektronen von den Detektoren erfasst.
Bild	Durchsicht, nur die Schnittebene ist sichtbar. Das Bild ist farbig.	Die Oberflächenbeschaffenheit wird dargestellt, durch mehrere Detektorebenen entsteht ein räumliches Bild. Das Bild ist schwarzweiß.
Präparation	Anfertigen von Schnitten oder bei dünnen Objekten direkte Beobachtung.	Bedampfung des Objektes mit Metallatomen
Beobachtungsgrenzen	ca. 200 nm	ca. 1 nm

b) Elektronenmikroskope müssen im Vakuum arbeiten, weil sonst die Elektronenstrahlen von den Gasteilchen abgelenkt würden und somit kein auswertbares Bild entstehen könnte. Damit muss sich auch die zu untersuchende Probe im Vakuum befinden. Unter diesen Bedingungen verdampft Wasser. Da alle lebenden Organismen aus wässrigen Systemen, den Zellen, bestehen, würden diese durch das verdampfende Wasser sofort zerstört werden. Eine Untersuchung von lebenden Zellen ist daher nicht möglich.

2

Lichtmikroskope liefern farbige Bilder, Elektronenmikroskope liefern ein Schwarzweißbild, das in vielen Fällen nachträglich gefärbt wird.
Abbildung 8: Die Strukturen des Cytoskeletts in den Zellen sind in leuchtenden Farben zu sehen, während andere Zellbestandteile weitgehend nicht sichtbar sind. Das lässt vermuten, dass die Aufnahme mithilfe der Fluoreszenzmikroskopie entstanden ist. Bei der Fluoreszenzmikroskopie werden Fluoreszenzfarbstoffe an Trägermoleküle gekoppelt und diese gekoppelten Mo-

leküle zur Probe, hier zu den Zellen, gegeben. Die Trägermoleküle haben die Eigenschaft, an ganz bestimmte zelluläre Strukturen zu binden. Die Bindung erfolgt in diesem Beispiel nur an die Strukturen des Cytoskeletts. Wird diese Probe mit Licht bestimmter Wellenlänge angeregt, so strahlen die Fluoreszenzfarbstoffe Licht einer anderen Wellenlänge ab. Das nennt man Fluoreszenz. Dieses abgestrahlte Licht wird herausgefiltert und kann beobachtet und fotografiert werden.
Abbildung 7a: Das Schwarzweißbild zeigt ein Mitochondrium. Dabei entspricht ein cm in der Abbildung einem µm in der Realität. Neben der fehlenden Farbe zeigt auch die Stärke der Vergrößerung, dass es sich um ein elektronenmikroskopisches Bild (EM-Bild) handelt. Die gut zu erkennenden Feinstrukturen der Membranen innerhalb und außerhalb des Mitochondriums ließen sich lichtmikroskopisch nicht darstellen.
Abbildung 7b: Das farbige Bild zeigt ein Pantoffeltierchen. Dabei entspricht ein cm in der Abbildung 10 µm in der Realität. Viele Feinstrukturen sind zu erkennen (u. a. Vakuolen im Inneren, Wimpern am äußeren Rand). Es handelt sich um eine lichtmikroskopische Aufnahme,

in der keine Markierungen durch Fluoreszenzfarbstoffe vorgenommen wurden. Die Intensität der Farben innerhalb und außerhalb des Pantoffeltierchens könnte auf den Einsatz bestimmter Farbfiltersysteme zurückzuführen sein.

Abbildung 7c: Das farbige Bild zeigt eine Flechte als Lebensgemeinschaft kugeliger Grünalgen in einem Geflecht von Pilzfäden. Maßstabsvergleiche sind nicht möglich. Auffallend sind die räumlichen Strukturen in dem dreidimensionalen Bild. Diese Dreidimensionalität lässt vermuten, dass die Aufnahme der Flechte mit einem Rasterelektronenmikroskop erstellt wurde. Bei der Rasterelektronenmikroskopie (REM) wird das Untersuchungsobjekt zunächst mit Schwermetallatomen bedampft und diese oberflächliche Schwermetallschicht dann mit einem sehr feinen Elektronenstrahl bestrahlt. Je nach Beschaffenheit der Oberflächenstruktur sendet die Schwermetallschicht Elektronen aus, die von einem Detektor registriert und von einem Computer in ein exaktes, dreidimensionales Bild mit Graustufen verrechnet werden. Dieses Bild wurde nachträglich eingefärbt.

3

1675: (C), 1828: (E), 1877: (B), 1931: (A), 1945: (D).

1.3 Prokaryoten und Eukaryoten

1

Individuelle Lösung.

2

E. coli (Prokaryot)	Euglena (Eukaryot)
Zellplasma: Transportvorgänge innerhalb der Zelle; chemische Reaktionen	Zellplasma: Transportvorgänge innerhalb der Zelle; chemische Reaktionen
ringförmiges DNA-Molekül (Bakterienchromosom) und Plasmid: genetische Information; kein Zellkern	Zellkern: enthält das genetische Material
keine membranumgrenzten Zellorganellen	Membranumgrenzte Zellorganellen: Chloroplast: enthält Chlorophyll, Herstellung von Glucose durch Fotosynthese Mitochondrium: Energieversorgung der Zelle
keine Stärkekörner	Stärkekörner: Glucosespeicher
Ribosomen: Proteinsynthese	Ribosomen: Proteinsynthese
Zellmembran: Abgrenzung, Aufnahme und Abgabe bestimmter Stoffe	Zellmembran: Abgrenzung, Aufnahme und Abgabe bestimmter Stoffe
Bakterienzellwand aus Polysacchariden	keine Zellwand
keine Geißel	Geißel: Fortbewegung
kein Farbstofffleck („Augenfleck")	Farbstofffleck („Augenfleck"), Lichtsensor, Orientierung

3

a) Individuelle Lösung.

b) Individuelle Lösung, z.B.:

Euglena viridis ist eine einzellige Alge. Sie wird auch „Grünes Augentier" genannt. Im Licht kann Euglena viridis in den Chloroplasten durch Fotosynthese Glucose als energiereiche Nahrung herstellen. Die Alge lebt demnach als autotropher Organismus, da sie eigenständig aus energiearmen anorganischen Molekülen (CO_2 und H_2O) körpereigene energiereiche organische Moleküle herstellen kann. Glucose ist der Ausgangsstoff für die Zellatmung, deren wesentlichen Schritte zur Gewinnung nutzbarer Energie in den Mitochondrien stattfinden. Diese Vorgänge können durch die Kompartimentierung in den Zellorganellen gleichzeitig ablaufen.

Euglena viridis lebt als pflanzlicher Organismus, daher erscheint die Bezeichnung „Grünes Augentier" widersprüchlich. Die Alge lebt zwar pflanzlich, kann jedoch zusätzlich auch organische Substanzen aufnehmen und verwerten und lebt somit auch heterotroph. Die aufgenommenen organischen Moleküle dienen als Energiequelle, sowie als Kohlenstoffquelle beim Aufbau körpereigener Substanz.

Euglena virides lebt hauptsächlich in nährstoffreichen, stehenden Süßgewässern. In diesem Lebensraum gehört die Alge, die Fotosynthese betreibt, zur Gruppe der Produzenten, bei heterotropher Lebensweise zur Gruppe der Konsumenten.

Der Name „Augentier" beruht auch darauf, dass Euglena viridis einen rötlich gefärbten „Augenfleck" besitzt. Ein Photorezeptor neben dem Augenfleck ermöglicht über Signaltransduktion die Bewegung der Zelle in Richtung der Lichtquelle. Diese aktive Fortbewegung erfolgt mit Hilfe einer Geißel.

4

Angepasstheiten sind vorteilhafte Merkmale, mit denen Lebewesen an ihre Umwelt angepasst sind. Angepasstheiten sind im Laufe der Evolution durch natürliche Auslese entstanden. Sie sind genetisch bedingt und tragen zum Fortpflanzungserfolg bei.

Prokaryoten waren die ersten Lebewesen auf der Erde. Hypothese: Die extremophilen Bakterien zeigen Angepasstheiten, die vermutlich schon unter den Bedingungen der frühen Erde entstanden sind, weil damals vorteilhaft waren. Diese genetisch bedingten Angepasstheiten blieben über die Generationen erhalten. In heutigen entsprechenden extremen Lebensräumen bieten diese Angepasstheiten einen Überlebensvorteil durch fehlende Konkurrenz. In „normalen" Lebensräumen bieten sie keinen Vorteil mehr.

Deinococcus radiourans: Angepasstheit an radioaktive Strahlung. Energiereiche Strahlung gehörte durch kosmische und vulkanische Prozesse zu den Merkmalen der frühen Urerde. Unter den heutigen Bedingungen gibt es keinen erkennbaren Überlebensvorteil, außer an stark radioaktiv belasteten Orten.

Pyrobaculum islandicum: Angepasstheit an ein Leben im Wasser bei 100 °C. Der Name lässt vermuten, dass diese Bakterien z.B. in den heißen Geysiren Islands vorkommen. Flüssiges Wasser konnte sich erst nach Abkühlung der frühen Urerde halten und damit die Urozeane bilden. Der Siedepunkt von Wasser (unter den heutigen Bedingungen 100 °C) musste demnach unterschritten sein. In heißen Quellen werden die hohen Temperaturen auch heute noch regelmäßig erreicht, sodass diese Angepasstheit dort immer noch vorteilhaft ist.

Picophilus oshimae: Angepasstheit an ein Leben im Wasser bei 60 °C, außerdem an ein extrem saures Milieu. Durch eine weitere Abkühlung der Urerde konnten sich Prokaryoten in den Urozeanen in diesem weniger extremen Temperaturbereich entwickeln. Durch die unterschiedlichen Lebensbereiche wurde Konkurrenz vermieden oder vermindert. Die Angepasstheit an ein extrem saures Milieu bietet unter den heutigen Bedingungen keinen erkennbaren Überlebensvorteil, außer an vulkanischen Quellen im Ozean.

1.4 Prokaryoten, Eukaryoten, Endosymbionten

1

a) 1: Aus einem urtümlichen Prokaryoten entwickelt sich ein urtümlicher Eukaryot, der einen Zellkern besitzt. Die Energie für die Lebensvorgänge wird anaerob durch Gärung gewonnen.

2: Der urtümliche Eukaryot nimmt einen aerob lebenden Prokaryoten auf, der im Inneren weiterlebt und Zellatmung betreibt. Durch die Zellatmung wird wesentlich mehr Energie für die Lebensvorgänge bereitgestellt als durch Gärung.

3: Aus dieser Endosymbiose entwickelt sich die tierische Zelle, wobei aus dem aufgenommenen Prokaryoten ein Mitochondrium geworden ist. Die tierische Zelle lebt aerob durch Zellatmung.

4: Durch zusätzliche Aufnahme von Cyanobakterien durch den urtümlichen Eukaryoten entsteht eine Endosymbiose, in der die Wirtszelle von der Fotosynthese des aufgenommenen Cyanobakteriums profitiert.

5: Aus dieser Endosymbiose entwickelt sich die pflanzliche Zelle. Ihre Mitochondrien gehen auf den aufgenommenen aerob lebenden Prokaryoten zurück und ihre Chloroplasten auf das aufgenommene Cyanobakterium. Die Pflanzenzelle gewinnt Energie durch Zellatmung und kann Fotosynthese betreiben.

b) Der urtümliche Eukaryot gewinnt Energie aus der Gärung (anaerober Stoffwechsel). In der Endosymbiose mit einem aeroben Prokaryoten versorgt dieser den Wirt mit zusätzlicher Energie durch Zellatmung. Die tierische Zelle lebt selbst aerob durch Zellatmung, die in den Mitochondrien stattfindet. In der Endosymbiose zwischen urtümlichem Eukaryoten und Cyanobakterium stellt das Cyanobakterium dem Wirt zusätzliche Nährstoffe zur Verfügung, die es in der Fotosynthese aufbaut. Die Pflanzenzelle gewinnt Energie durch Zellatmung in den Mitochondrien und sie kann Fotosynthese betreiben, wobei sie mithilfe von Lichtenergie aus Kohlenstoffdioxid und Wasser energiereiche Glucose aufbaut und Sauerstoff produziert.

c)

Belege für die Richtigkeit der Endosymbiontentheorie	Begründung zur Stützung der Theorie
Mitochondrien und Chloroplasten sind 1–10 μm groß.	Der Durchmesser von Prokaryoten beträgt etwa 0,5 bis 3 μm. Mitochondrien und Chloroplasten entsprechen in der Größe kleinen Prokaryoten.
Mitochondrien und Chloroplasten haben eine Doppelmembran. Die innere Membran ähnelt in ihrer Zusammensetzung der von Bakterien, die äußere der von Eukaryoten.	Die ursprünglich aerob lebenden Prokaryoten und die Fotosynthese betreibenden Cyanobakterien besaßen jeweils eine Bakterienzellmembran. Die Aufnahme in die eukaryotische Wirtszelle erfolgte durch einen vollständigen Einschluss der Prokaryoten. Dadurch bildeten sich Doppelmembranen. Die innere Membran dieser Doppelmembranen entspricht der ursprünglichen Bakterienmembran der Prokaryoten, die äußere Membran der der eukaryotischen Wirtszelle (Abb.1).
Mitochondrien und Chloroplasten vermehren sich durch Teilung.	Wären sie normale Bestandteile der Zelle, dann würden sie komplett über den Baustoffwechsel der Zelle hergestellt. Eine Vermehrung durch Teilung zeigt, dass sie in gewisser Weise eigenständig sind.
Mitochondrien und Chloroplasten besitzen eine eigene ringförmige DNA, die einen Teil der Chloroplasten- und Mitochondrienproteine codiert.	Ursprüngliche Informationen sind auf der ringförmigen DNA als Codierungen für den Bau der eigenen Proteine noch vorhanden. Bei der Teilung von Mitochondrien und Chloroplasten muss daher eine Identische Verdopplung ihrer DNA erfolgen.
Einige der Gene im Zellkern ähneln stark Bakteriengenen. Das Genom von Mitochondrien und Chloroplasten ist deutlich kleiner als das von Bakterien.	Im Verlauf der zunehmenden Kompartimentierung der Zelle könnten Teile des ursprünglichen Bakterienchromosoms in das Genom im Zellkern der eukaryotischen Wirtszelle eingebaut worden sein.

Belege für die Richtigkeit der Endosymbiontentheorie	Begründung zur Stützung der Theorie
Die Mehrzahl der Proteine von Mitochondrien und Chloroplasten wird im Zellplasma synthetisiert und dann in die Organellen aufgenommen.	Die Symbiose könnte sich so weit entwickelt haben, dass wichtige Proteine nach dem Bauplan der DNA des Eukaryoten gebildet werden.
Mitochondrien, Chloroplasten und Prokaryoten besitzen leichte Ribosomen vom 70-S-Typ, im Cytoplasma von Eukaryoten befinden sich schwerere 80-S-Ribosomen.	Die Synthese von Proteinen erfolgt an Ribosomen. Die Ribosomen im Inneren der Organellen entsprechen denen der ursprünglichen Prokaryoten.

d) Eine schlüssige Hypothese wäre, dass ein Eukaryot eine eukaryotische Zelle aufgenommen und nicht verdaut hat, die bereits ein Cyanobakterium als Endosymbionten enthielt. Diese Zelle wurde im Laufe der Symbiose auf ihre äußere Membran reduziert, während der Endosymbiont mit beiden Membranen erhalten blieb und sich zum Chloroplasten der Braunalge entwickelte. Dieser hat daher drei Membranen.

2
Individuelle Lösung.

3
a)

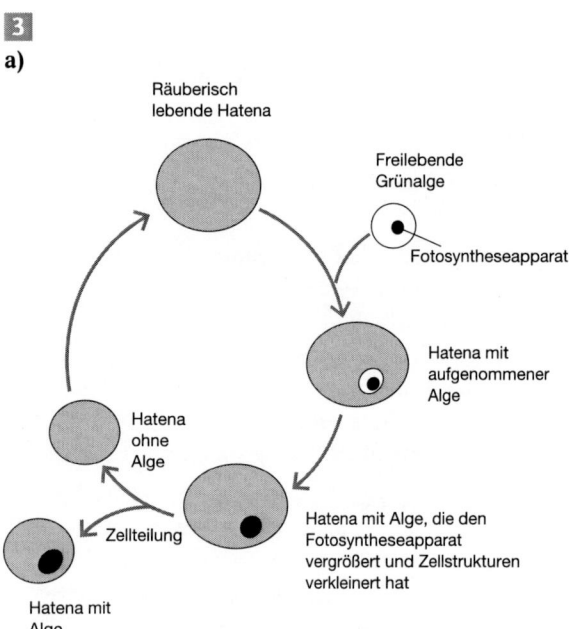

Räuberisch
lebende Hatena

Freilebende
Grünalge

Fotosyntheseapparat

Hatena mit
aufgenommener
Alge

Hatena
ohne
Alge

Hatena mit Alge, die den
Fotosyntheseapparat
vergrößert und Zellstrukturen
verkleinert hat

Zellteilung

Hatena mit
Alge

b) Gründe für eine Endosymbiose:
– Die aufgenommene Grünalge wird nicht verdaut, sondern lebt in Hatena weiter.
– Die Alge vergrößert unter dem Einfluss von Hatena den Fotosyntheseapparat und reduziert Zellstrukturen. Das lässt darauf schließen, dass Hatena Aufgaben für die Algenzelle übernimmt, die ursprünglich von der Algenzelle ausgeführt wurden.
– Hatena ernährt sich von den Fotosyntheseprodukten der Alge und gibt die räuberische Lebensweise auf.
– Bei der Zellteilung von Hatena entstehen Zellen, die die Alge enthalten und Zellen ohne Alge. Die Alge bleibt also als eigenständiger symbiotisch lebender Organismus erhalten, der zufällig in eine der Tochterzellen gelangt.
– Tochterzellen ohne Algen ernähren sich wieder räuberisch, bis sie auf Algen treffen, die sie aufnehmen und als Endosymbionten behalten.

c) Endosymbiose bedeutet, dass ein Partner der Symbiose in dem anderen lebt. Im Endstadium einer Endosymbiose ist die Symbiose obligatorisch, das heißt, alle Tochterzellen des Wirtes enthalten den Endosymbionten. Beide Partner existieren nicht ohne den anderen. Der Endosymbiont verliert in der Symbiose seine Eigenständigkeit teilweise, da der Wirt Teile seiner Zellaufgaben übernimmt.

Bei Hatena ist das Endstadium einer Endosymbiose noch nicht erreicht, da beide Partner auch ohne den anderen Partner vorkommen.

1.5 Struktur und Funktion von Zellorganellen bei Tier- und Pflanzenzellen

1

Hinweis: Informationen zu Ribosomen müssen ggf. recherchiert werden.

Zellorganellen	Bau	Funktion
Zellmembran	Lipid-Doppelschicht mit eingelagerten Proteinen	Regulation des Stofftransports in die Zelle und aus der Zelle heraus; Träger von Membranrezeptoren, die extrazelluläre Signale in intrazelluläre Signale umwandeln
Zellplasma (Cytoplasma)	Es besteht aus der wässrigen Zellflüssigkeit und dem festeren Zellskelett (Cytoskelett).	Ort für den Ablauf grundlegender chemischer Vorgänge. Das Cytoskelett stabilisiert die Zelle und hat große Bedeutung für Transportvorgänge innerhalb der Zelle.
Zellkern	Der Zellkern ist von einer Doppelmembran mit Kernporen umgeben. Die Chromosomen im Inneren enthalten die Erbinformation in Form von DNA-Molekülen.	Steuerung der Proteinsynthese mit Hilfe von Botenstoffen (mRNA), die aus dem Zellkern an die Ribosomen weitergeleitet werden
Ribosom	Ribosomen sind makromolekulare Komplexe aus Proteinen und Ribonukleinsäuren (RNA), die im Cytoplasma, in den Mitochondrien und in den Chloroplasten vorkommen.	Ort der Proteinsynthese
Endoplasmatisches Retikulum (ER)	Ausgedehntes Membransystem. Man unterscheidet das glatte ER und das raue ER Beim rauen ER befinden sich Ribosomen an der Membran.	Raues ER: Proteinbiosynthese. Glattes ER: Mitwirkung an einer Vielzahl von Stoffwechselvorgängen, vor allem dem Kohlenhydratstoffwechsel; Beseitigung von Giftstoffen und Stoffwechselprodukten
Golgi-Apparat	Membranstapel als Teil des Membransystems	Stofftransport, Stoffaufnahme und Stoffabgabe (Endo- und Exocytose) durch Membranvesikel, die mit der Zellmembran verschmelzen
Mitochondrium	Von einer Doppelmembran umgeben. Die äußere Membran besitzt eine glatte Oberfläche, die innere Membran zeigt zahlreiche Einfaltungen (Cristae) und umschließt die Mitochondrienmatrix mit DNA und Ribosomen.	In den Mitochondrien finden die wichtigsten Schritte der Zellatmung statt.
Chloroplast	Nur in grünen Pflanzenzellen. Von einer Doppelmembran umgeben. Die äußere Membran besitzt eine glatte Oberfläche, die innere Membran zeigt zahlreiche Einstülpungen. DNA und Ribosomen im Inneren.	In den Chloroplasten findet die Fotosynthese statt.
Zellwand	Pflanzliche Zellen haben eine Zellwand, die hauptsächlich aus Cellulose besteht.	Die Zellwand schützt die Pflanze, verleiht ihr Stabilität und verhindert, dass die Zelle anschwillt, wenn Wasser ins Zellinnere gelangt.

Zellorganellen	Bau	Funktion
Vakuole	Die Vakuole ist typisch für pflanzliche Zellen. Sie ist von einer Membran (Tonoplast) umgeben und enthält hauptsächlich Wasser.	In Vakuolen können Stoffe gespeichert werden, z. B. schädliche Stoffwechselprodukte oder Farbstoffe. Die Vakuole spielt für den Wasserhaushalt der Zelle und den Zellinnendruck eine wichtige Rolle.
Plasmodesmen	Von der Zellmembran umhüllte Cytoplasmastränge zwischen verschiedenen pflanzlichen Zellen	Stoffaustausch zwischen benachbarten Zellen. Durch Plasmodesmen bilden die Zellen einer Pflanze eine Einheit.

2

Grüne Pflanzenzelle	Tierzelle
Zellmembran	Zellmembran
Zellplasma (Cytoplasma)	Zellplasma (Cytoplasma)
Zellkern	Zellkern
Ribosom	Ribosom
Endoplasmatisches Retikulum (ER)	Endoplasmatisches Retikulum (ER)
Golgi-Apparat	Golgi-Apparat
Mitochondrium	Mitochondrium
Chloroplast	–
Zellwand	–
Vakuole	–
Plasmodesmen	–

Eine grüne Pflanzenzelle enthält alle Zellorganellen einer Tierzelle. Als zusätzliche Strukturen weist sie eine Zellwand, Plasmodesmen, Chloroplasten und eine Vakuole auf.

1.6 Vom Einzeller zum Vielzeller

1

- Gonium (Abb. 1, 6) bildet eine kleine Kolonie, in der alle Zellen gleich aufgebaut sind und unabhängig von den anderen als Einzelzelle leben und sich teilen können.
- Eudorina (Abb. 4) bildet Kolonien, in denen nicht alle Zellen identisch sind, aber alle Zellen durch Teilung neue Kolonien bilden können.
- Volvox (Abb. 2, 7) besteht aus sehr vielen Zellen, die zusammen koordinierte Bewegungen ausführen. Die Zellen haben verschiedene Aufgaben, nur wenige Zellen können sich teilen und bilden Tochterkolonien, die anderen sterben ab. Volvox ist ein einfacher Vielzeller.
- Der Süßwasserpolyp (Abb. 3, 8) hat verschiedene Zellschichten mit unterschiedlich spezialisierten Zellen (Sinneszellen, Nesselzellen, Verdauungszellen usw.). Durch diese Differenzierung kann Nahrung betäubt, aufgenommen und verdaut werden und der Organismus als Ganzes leben. Spezialisierte Zellen dienen der geschlechtlichen Vermehrung, aber auch ungeschlechtliche Vermehrung durch Knospung ist möglich.
- Der Hund (Abb. 5) ist ein hoch entwickelter Vielzeller mit spezialisierten Zellen, die Gewebe bilden. Mehrere Gewebe bilden Organe und die Gesamtheit der Organe mit ihren verschiedenen Aufgaben bildet den Organismus. Der Hund kann sich nur geschlechtlich vermehren.

Mit zunehmender Komplexität des Vielzellers steigt die Differenzierung und Spezialisierung der Zellen für unterschiedliche Aufgaben. Die Zellen sind nicht mehr unabhängig voneinander lebensfähig. Die Arbeitsteilung durch spezialisierte Zellen ermöglicht eine zunehmende Größe und Leistungsfähigkeit des Organismus.

2

- Verdauungsorgan (grün) zur Verdauung aufgenommener Nahrung und damit zum Nutzbarmachen der enthaltenen Nährstoffe; Abgabe der Nährstoffe in das Blut (Herz-Kreislaufsystem)
- Herz-Kreislaufsystem (rot) zum Transport von Stoffen (z. B. Sauerstoff und Nährstoffe) im Körper; Versorgung verschiedener Gewebe und Organe (Pfeile)
- Atmungsorgan/Lunge (blau) zur Aufnahme von Sauerstoff in das Blut und Abgabe von Kohlenstoffdioxid aus dem Blut
- Ausscheidungsorgan (braun) zur Ausscheidung von Stoffen; Aufnahme dieser Stoffe aus dem Blutkreislauf

1.7 Differenzierte Zellen

1

	Gemeinsamkeiten	Unterschiede
Aufbau	- Alle spezialisierten Zellen besitzen, abgesehen von den roten Blutzellen, einen Zellkern, die Zellmembran und das Zellplasma.	- Bei den Roten Blutzellen findet man keinen Zellkern. - Die äußere Form der verschieden spezialisierten Zellen ist sehr unterschiedlich.
Funktion	- Alle Zellen haben eine spezielle Funktion.	- Die Aufgaben sind sehr verschieden: Sie reichen von Informationsweiterleitung bei Nervenzellen bzw. Aufnahme von Reizen bei Sinneszellen über Kontraktion bei Muskelzellen und Transport von Sauerstoff bei den roten Blutzellen bis hin zur Fortpflanzung und der Abwehr von Fremdkörpern und Krankheitserregern bei Weißen Blutzellen.

2

Abbildung 1a zeigt verschiedene Entwicklungsstadien eines Frosches von der Eizelle bis zur Kaulquappe. In den fünf ersten Stadien reift die Eizelle heran. Dabei erfolgt ein kontinuierliches Größenwachstum, ohne Zell- und Kernteilungen (Mitosen). In Stadium 6 erfolgt die Befruchtung der weiblichen Eizelle durch eine männliche Spermazelle. In den Stadien 7 bis 10 entstehen aus der befruchteten Eizelle durch Zell- und Kernteilungen erblich gleiche Körperzellen. Durch Differenzierung entstehen bis zum Entwicklungsstadium der Kaulquappe vielfältig spezialisierte Zellen, Gewebe und Organe, die den Organismus bilden.

Hinweis: Funktionen der Gewebe können anhand der Abbildung erschlossen und durch persönliches Hintergrundwissen ergänzt werden.

Gewebe	Funktionen
Bindegewebe der Haut	Die Bindegewebeschicht der Haut (Lederhaut) gewährleistet die Ernährung und Verankerung der obersten Hautschicht (Epidermis).
Blut	Blut hat Transport- und Abwehrfunktion, z. B.: Transport von Nährstoffen und Stoffwechselprodukten, Transport der Atmungsgase Sauerstoff und Kohlenstoffdioxid (Rote Blutzellen), Abwehr von Krankheitserregern (Weiße Blutzellen).
Knochengewebe	Knochengewebe bildet das Skelett und stützt den Körper von innen. Im roten Knochenmark werden die Roten und die Weißen Blutzellen gebildet.
Nervengewebe	Nervenzellen haben viele, zum Teil sehr lange Ausläufer. Sie sind auf die Informationsweiterleitung- und Verschaltung spezialisiert.
Muskelgewebe	Muskelzellen sind längliche Zellen, die sich auf Nervenimpulse hin kontrahieren. Sie ermöglichen dadurch Bewegung.
Deckgewebe der Haut	Die Oberhaut (Epidermis) bildet als äußerste Hautschicht die Abgrenzung und den Kontakt zur Außenwelt und hat vor allem Schutzfunktion.
Darmschleimhaut	Die Darmschleimhaut ist die innere Auskleidung des Darmes. Durch Abgabe von Enzymen aus speziellen Drüsenzellen ermöglicht sie die Verdauung. Weitere spezialisierte Zellen regulieren die Aufnahme der Nährstoffe aus dem Darm in das Blut.
Fortpflanzungsgewebe der Hoden	Im Fortpflanzungsgewebe der Hoden reifen die männlichen Spermazellen heran. Geschlechtszellen sind auf Fortpflanzung spezialisiert, also auf die Weitergabe der Erbanlagen an die nächste Generation.

3

Abbildung 1c: das Ausgangsobjekt in diesem Transplantationsexperiment ist eine unbefruchtete Eizelle eines Frosches. Ein Vergleich mit Abbildung 1a zeigt, dass diese Zelle voll ausgebildet ist. Sie enthält den Zellkern mit der vollständigen Erbinformation. Im nächsten Versuchsschritt wird der Zellkern dieser unbefruchteten Eizelle zerstört. Es liegt eine kernlose Eizelle ohne Erbinformationen vor. Im Weiteren wird ein Zellkern einer Darmwandzelle eines erwachsenen Frosches entnommen und mit einer Mikropipette in die kernlose Eizelle transplantiert. Diese präparierte Eizelle entwickelt sich wie eine befruchtete Eizelle durch Mitosen und Zelldifferenzierungen zu einer Kaulquappe. Durch Metamorphose entsteht ein ausgewachsener Frosch. Möglich ist dies, weil alle Zellkerne die gleiche Erbinformation besitzen.

1.8 Multi-, pluri- und totipotente Zellen

1

Die Abbildung zeigt schematisch die grundlegenden Prozesse, die für die Entwicklung eines Vielzellers aus einer befruchteten Eizelle von Bedeutung sind:
- Die befruchtete Eizelle teilt sich. Es entstehen mehrere undifferenzierte identische Zellen (oben links).
- Undifferenzierten Zellen entwickeln sich zu jeweils unterschiedlich differenzierten und spezialisierten Zellen (oben rechts).
- Unterschiedlich differenzierten Zelltypen kommunizieren untereinander (unten links).
- Gleichartig differenzierte und spezialisierte Zellen wandern und schließen sich zu Geweben zusammen.

Zellvermehrung, Zelldifferenzierung Zellkommunikation und Zellwanderung sind die vier grundlegenden Prozesse, durch die sich ein vielzelliger Organismus aus einer befruchteten Eizelle entwickelt.

2

a) *Totipotente Zellen:* Aus einer einzigen Zelle kann ein vollständiger Organismus entstehen.
Pluripotente Zellen: Sie besitzen die Fähigkeit, jeden Zelltyp des erwachsenen Organismus auszubilden. Aus ihnen kann aber kein vollständiger Organismus mehr entstehen.
Multipotente Zellen: Aus ihnen können verschiedene differenzierte Zelltypen hervorgehen, aber nicht alle Zelltypen.
b) Individuelle Lösung.

3

Die Abbildung zeigt in einer schematischen Darstellung die Entwicklung differenzierter Zellen aus einer Stammzelle. Der Vorgang beginnt mit einer einzelnen Stammzelle. Diese teilt sich durch Mitose in zwei identische Tochterzellen. Pfeile deuten von hier aus zwei Möglichkeiten an:
- die Zelle verhält sich wie die Ausgangszelle und teilt sich wieder zu weiterer Stammstellen (Pfeile oben links). Der Prozess kann sich kontinuierlich wiederholen.
- die Zelle entwickelt Differenzierungsmerkmale. Die veränderte Zelle teilt sich, die Tochterzellen ebenfalls. Die Zellen differenzieren sich zunehmend weiter, bis schließlich endgültig differenzierte Zellen entstanden sind.

Unterschied zwischen einer normalen Zellteilung und der Teilung einer Stammzelle: Bei einer normalen Zellteilung entsteht aus einer Zelle jeweils eine in Struktur und Funktion identische Kopie. Bei der Teilung einer Stammzelle kann über eine zunehmende Differenzierung eine endgültig differenzierte Zelle entstehen, die im Organismus auf bestimmte Funktionen spezialisiert ist.

4

Individuelle Lösung.

1.9 Biologisch bedeutsame Makromoleküle: Lipide

1

In dem abgebildeten Fettmolekül ist ein Glycerinmolekül mit drei Fettsäuren verestert. Esterbindung bedeutet, dass jede der drei Hydroxylgruppen (OH-Gruppen) des Glycerinmoleküls mit der Carboxylgruppe (COOH-Gruppe) einer bestimmten Fettsäure unter Abspaltung von Wasser verbunden ist. Die beteiligten Fettsäuren sind:
- Palmitinsäure $C_{16}H_{32}O_2$ (oben),
- Ölsäure $C_{18}H_{34}O_2$ (Mitte),
- Linolsäure $C_{18}H_{32}O_2$ (unten).

Palmitinsäure ist eine gesättigte Fettsäure. Es sind keine Doppelbindungen in der Kohlenwasserstoffkette vorhanden. Ölsäure ist eine einfach ungesättigte Fettsäure. Es ist eine Doppelbindung in der Kohlenwasserstoffkette vorhanden. Linolsäure ist eine zweifach ungesättigte Fettsäure. Es sind zwei Doppelbindungen in der Kohlenwasserstoffkette vorhanden.

2

Auswertung Abb. 4:
In der Tabelle sind Nahrungsfette nach zunehmender Anzahl gesättigter Fettsäuren in % tabellarisch aufgelistet. Bei den bei Raumtemperatur flüssigen Ölen liegt dieser Anteil zwischen 10 und 16 %. Es handelt sich ausschließlich um pflanzliche Fette.

Als weitere pflanzliche Fette sind Margarine (20 %) und Kokosfett (91 %) mit einem höheren Anteil gesättigter Fettsäuren bei Raumtemperatur fest. Kokosfett besitzt mit 91 % den höchsten Wert. Als tierische Fette zeigen Schweineschmalz (42 %) und Butter (65 %) einen relativ hohen Anteil an gesättigten Fettsäuren.

Auswertung Abb. 5:

Japan: Der prozentuale Anteil von Fett an der Energiezufuhr in der traditionellen Ernährung beträgt 10 %. Die Fälle von Erkrankungen der Herzkranzgefäße bei 10 000 Männern in 10 Jahren sind mit 500 angegeben. Die traditionelle Ernährung besteht hauptsächlich aus Reis, Fisch und anderen Meerestieren. Zusätzliche Recherche ergibt: Die in Fischen enthaltenen Fette weisen einen hohen Anteil an ungesättigten Fettsäuren auf.

Östliches Finnland: Der prozentuale Anteil von Fett an der Energiezufuhr in der traditionellen Ernährung ist mit 38 % deutlich höher als in Japan. Die Fälle von Erkrankungen der Herzkranzgefäße bei 10 000 Männern in 10 Jahren sind mit 3000 sehr viel höher. Die traditionelle Ernährung enthält Milch und Butter. Die enthaltenen tierischen Fette haben einen nur geringen Anteil an ungesättigten Fettsäuren.

Kreta: Der prozentuale Anteil von Fett an der Energiezufuhr in der traditionellen Ernährung hat mit 40 % den höchsten Wert. Die Fälle von Erkrankungen der Herzkranzgefäße bei 10 000 Männern in 10 Jahren sind mit 200 dabei am niedrigsten. Die traditionelle Ernährung besteht hauptsächlich aus Früchten, Gemüse und Olivenöl mit einem hohen Anteil an ungesättigten Fettsäuren.

Hypothese: die Anzahl der Erkrankungen an den Herzkranzgefäßen steigt mit dem prozentualen Anteil der Fette in der Nahrung an. Mit Ausnahme von Kreta; hier sind sogar 40 Prozent Fettanteil in der Nahrung enthalten, jedoch handelt es sich hauptsächlich um pflanzliche Fette. Pflanzliche Fette enthalten viele ungesättigte Fettsäuren.

3

Aufgrund ihres unpolaren Charakters lösen sich Fette nicht in Wasser. Fettmoleküle ziehen sich gegenseitig an und bilden im Wasser größere Ansammlungen von Fettmolekülen, die als Fetttröpfchen sichtbar sind. Phospholipide enthalten einen großen unpolaren Molekülteil und einen kleinen polaren. Auf einer Wasseroberfläche richten sich diese Moleküle mit ihrem polaren Teil zum Wasser hin aus, da Wassermoleküle ebenfalls polar sind. Die unpolaren Molekülteile lösen sich nicht in Wasser. Sie sind dem Wasser abgewandt. Versucht man, durch starkes Rühren Phospholipide in Wasser zu lösen, richten sich die Moleküle neu aus und man erhält Mizellen und Liposomen.

Mizellen sind klein und kugelförmig. Durch die Kugelform zeigen alle unpolaren Molekülteile nach außen und sind dabei vollständig von Wassermolekülen mit deren polaren Anziehungskräften umgeben. Dadurch können sich Mizellen unterhalb der Wasseroberfläche bilden.

Liposomen sind größer, sie bestehen aus einer kugelförmigen Doppelschicht von Phospholipidmolekülen. Im Inneren von Liposomen befinden sich Wassermoleküle. Um diese polaren Wassermoleküle bildet sich die innere Schicht aus Phospholipidmolekülen, deren polare Teile sich in Richtung dieser Wassermoleküle ausrichten. Die nach außen ausgerichteten unpolaren Molekülteile ziehen durch van-der-Waals-Kräfte weitere Phospholipidmoleküle an, sodass deren unpolaren Teile in das Innere der Doppelschicht ragen und die polaren Teile wiederum nach außen zu den Wassermolekülen zeigen. Liposomen können sich ebenfalls unter der Wasseroberfläche bilden. Im inneren Wasseranteil können sich auch wasserlösliche Stoffe befinden.

1.10 Geschichte der Zellmembranforschung

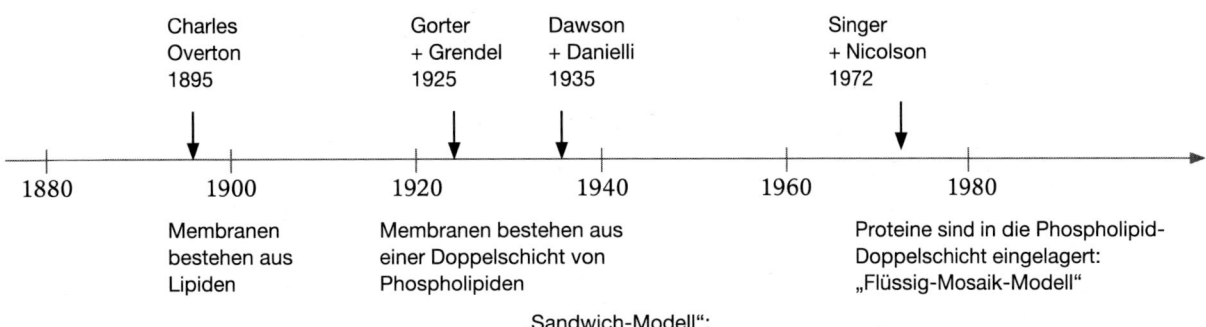

2

a) Aufgrund der schnellen Formänderung der Zellen während der Bewegung von tierischen Zellen bei der Ausbildung von Pseudopodien ist zu vermuten, dass einige makromolekulare Komponenten in der Zellmembran frei in der Membran beweglich sein müssen. Die Forscher wollen dies durch Antigenmarkierungen zeigen.

b) Zellen der Maus mit dem H-2-Protein auf der Oberfläche der Zellmembran und menschliche Zellen mit dem HLA-Protein auf der Membran werden fusioniert. Direkt nach der Fusion sind die H-2-Proteine nur auf einer Hälfte der neu entstandenen Zelle zu finden, wie die Markierung mit den Antikörpern zeigt. Nach mehreren Stunden bei 37° C haben sich die Mausproteine über die ganze Zelle verbreitet. Die Proteine sind also in der Membran gewandert.

c) Abb. 7 zeigt, dass der Verteilungsgrad von der Temperatur abhängt. Da die Verteilung innerhalb der Membran durch den Fluss der entsprechenden Proteine erfolgt, ergibt sich daraus eine Abhängigkeit der Beweglichkeit von Membranproteinen in der Membran von der Temperatur. Die Kurve zeigt eine deutliche und schnelle Zunahme des Membranflusses ab ca. 16 °C. Bei 37 °C, der normalen Temperatur der menschlichen Zellumgebung, ist 40 Minuten nach der Fusion eine fast vollständige Durchmischung der Membranproteine erfolgt.

Abb. 7 zeigt außerdem die Abhängigkeit der Durchmischung von der Zeit. Da der Membranfluss offenbar nicht gerichtet ist, stellt sich die vollständige Durchmischung bei den einzelnen Zellen nach unterschiedlichen Zeiten ein. Nach 25 Minuten ist dies bei 50 % der Zellen der Fall, nach 120 Minuten bei allen Zellen.

3

Individuelle Lösung (Tracermethode → S. 102).

1.11 Struktur und Funktion von Zellmembranen

1

a) Die Membran besteht aus einer Doppelschicht von Phospholipiden, deren hydrophobe Enden zueinander gekehrt sind. In diese Doppelschicht sind verschiedene Moleküle eingebettet:
Tunnelproteine und fadenförmige Proteine erstrecken sich durch beide Phospholipidschichten. Weitere Proteine haben Bindungsstellen außerhalb der Lipidschicht. Glykoproteine befinden sich in der äußeren Schicht, wobei die Zuckeranteile aus der Membran herausragen. Phospholipide mit Cholesterinanteil sind nur in eine Schicht eingelagert, entweder in der inneren oder in der äußeren. Die Enden der fadenartigen Proteine ragen aus der Membran nach beiden Seiten heraus, wobei an der Innenseite der Membran Proteine des Cytoskeletts verankert sind.

b) Da die Phospholipide in der Membran beweglich sind und einzeln oder im Verbund den Ort wechseln können, schwimmen die eingelagerten Moleküle mit ihnen oder können auch einzeln den Ort verändern. Ausgenommen sind Moleküle, die am Cytoskelett verankert sind. Die Membran stellt also kein starres System dar, sondern verändert sich ständig.

c)

Struktur	Funktion
Doppelschicht von Phospholipiden	verhindert das Hindurchtreten wasserlöslicher Moleküle
Tunnelproteine/Carrierproteine	aktiver oder passiver Transport durch die Membran
Proteine mit Bindungs- oder Anlagerungsstellen außerhalb der Doppellipidschicht	Signaltransduktion
Fadenartige Proteine, deren Enden in das Cytoplasma ragen	bestimmen die Form und Gestalt der Zelle, verankern die Membran mit dem Cytoskelett
Glykoproteine	Zellerkennung, Zusammentreten von Zellen zu Geweben
Phospholipide mit ungesättigten Fettsäuren wie Cholesterin	erhöhen das Fließvermögen

2

a) Die Abbildung 4 zeigt vier Formen der Kommunikation von Zellen in einem Organismus. Von links nach rechts betrachtet:
- Zwei Zellmembranen benachbarter Zellen sind über Porenkanäle miteinander verbunden. Die Kommunikation kann über Signalmoleküle erfolgen, die durch die Porenkanäle von einer Zelle in die andere gelangen.
- Über Signalmoleküle, die eine Zelle durch ihre Zellmembran nach außen abgibt, ist auch eine Kommunikation zwischen Zellen in der Nachbarschaft ohne direkte Verbindung möglich (Signaltransduktion). Die frei beweglichen Signalmoleküle docken an passende Rezeptoren in den Zellmembranen benachbarter Zellen, z. B. in Geweben, an, und lösen in diesen Zellen spezifische Reaktionen aus.
- Der Blutkreislauf ermöglicht den Transport von Signalmolekülen aus Zellen zu weiter entfernten Zellen im Organismus. Die Signaltransduktion erfolgt durch das Andocken an passende Rezeptoren auf den Zellmembranen der Zielzellen.
- Nervenzellen ermöglichen eine sehr schnelle Form der Kommunikation. Die Signaltransduktion erfolgt an den Synapsen. An der präsynaptischen Membran der Synapse werden Signalmoleküle als Neurotransmitter freigesetzt und gelangen an die postsyaptische Membran einer anderen Zelle, in der spezifische Reaktionen folgen.

b) Ohne Kommunikationsmechanismen hätte sich Arbeitsteilung zwischen Zellen nicht entwickeln können. Eine der Voraussetzungen für die Evolution von Einzellern zu Vielzellern war die Möglichkeit der Zellkommunikation auf molekularer Ebene. Die Zellerkennung über spezifische Membranproteine ermöglichte die Bildung miteinander verbundener Zellverbände und Zellkolonien. Durch Zellkommunikation entwickelten sich aus undifferenzierten Zellen die verschiedensten Zelltypen mit zunehmender Spezialisierung. Durch bestimmte Strukturen haften die Zellen der einzelnen Gewebe und Organe des Organismus aneinander, sodass sich eine Gestalt ausbilden kann.

1.12 Die Bedeutung der Oberflächenstrukturen von Membranen

1

Individuelle Lösung.

2

a) Individuelle Lösung.

b)

Getreidekorn quillt
↓
Embryo scheidet Gibberelin aus
↓
Gibberelin bindet an Rezeptor in der Membran
einer Aleuronzelle
↓
Rezeptor leitet intrazelluläre Signalkette ein
↓
Aktivierung der α-Amylase Synthese
↓
Bildung von α-Amylase an den Ribosomen
↓
Abgabe des Enzyms an den Mehlkörper
↓
Abbau von Stärke zu Glucose
↓
Bildung von Protein abbauenden Enzymen
↓
Aminosäuren für das Wachstum

c) Individuelle Lösung.

a)

Fresszellen erkennen Erreger an deren Membranproteinen an der Oberfläche.

↓

Fresszellen nehmen diese Erreger auf und präsentieren Teile dieser Membranproteine auf der Zelloberfläche als Antigene.

↓

Antigene binden nach dem Schlüssel-Schloss-Prinzip an spezifische Antigenrezeptoren an der Oberfläche von B- oder T-Lymphocyten und verursachen eine spezifische Immunantwort.

T-Helferzellen besitzen jeweils spezifisch unterschiedliche Membranproteine. Nach dem Schlüssel-Schloss-Prinzip erfolgt die Bindung passender Antigene. Danach vermehren sich diese T-Helferzellen stark.

↓

T-Helferzellen aktivieren B-Zellen. Einige T-Helferzellen differenzieren sich zu T-Gedächtniszellen. Bei Kontakt mit einem passenden Antigen erfolgt eine beschleunigte Immunreaktion.

↓

T-Helferzellen aktivieren T-Killerzellen zu massenhafter Vermehrung.

↓

T-Killerzellen bewirken durch Kontakt mit einer infizierten Zelle deren Zelltod.

B-Zellen präsentieren an der Zelloberfläche in ihren Zellmembranen individuelle, jeweils unterschiedliche spezifische Antigenrezeptoren. Die Bindung des passenden Antigens an den Rezeptor ist eine Voraussetzung für die weitere Aktivierung der spezifischen B-Zelle.

↓

B-Zellen vermehren sich nach Kontakt mit aktivierten T-Helferzellen und nach der Bindung des Antigens an den spezifischen Antigenrezeptoren massenhaft. Dabei differenzieren sie sich zu Plasmazellen.

↓

Plasmazellen produzieren Antikörper, die nach dem Schlüssel-Schloss-Prinzip spezifisch gegen das Erreger-Antigen gerichtet sind. Einige Plasmazellen differenzieren zu B-Gedächtniszellen.

↓

B-Gedächtniszellen ermöglichen bei Kontakt mit einem passenden Antigen eine beschleunigte Immunreaktion.

b)
Individuelle Lösung, z. B.:
1: Erreger binden mit ihren Antikörpern an die Rezeptoren von B-Zellen, wenn die Rezeptoren nach dem Schlüssel-Schloss-Prinzip zu den Antigenen passen. Nur auf solche Weise aktivierte B-Zellen teilen sich.
2: Die Teilung erfolgt durch Zweiteilung, wobei zwei identische Tochterzellen entstehen.

3: Die Teilung dieser Zellen verläuft über mehrere Generationen, sodass eine große Anzahl dieser B-Zellen entsteht.
4: Die B-Zellen differenzieren zu Plasmazellen, die in großen Mengen Antikörper produzieren. Jeder Antikörper besitzt zwei Bindungsstellen, die in ihrer Struktur den Rezeptoren auf der Oberfläche der B-Stammzelle gleichen und die an die Antigene der Erreger passen.

5: Ein kleinerer Teil der B-Tochterzellen entwickelt sich zu langlebigen Gedächtniszellen, die bei einem erneuten Kontakt mit dem Antigen eine beschleunigte Immunreaktion ermöglichen.

2

Bei einem Erstkontakt mit einem Antigen läuft die in Aufgabe 1 beschriebene primäre Immunreaktion ab. Dabei dauert es geraume Zeit, bis genügend Antikörper zur Bekämpfung bereitgestellt werden können. Bei einer sekundären Immunreaktion werden aufgrund der Gedächtniszellen in viel kürzerer Zeit wesentlich mehr (Faktor 1 000 bis 10 000) Antikörper hergestellt, die Bekämpfung des Erregers ist daher viel effektiver. Während bei der primären Immunreaktion das Maximum der Antikörperproduktion bei 5 Tagen liegt, wird die gleiche Menge an Antikörpern bei der sekundären Immunreaktion schon nach zwei Tagen erreicht, wobei die Menge rapide weiter steigt.

1.14 Passive und aktive Transportvorgänge durch Membranen

1

Endocytose: Bestimmte Makromoleküle, größere Teilchen oder Flüssigkeitstropfen, werden in die Zelle aufgenommen. Dabei werden sie von der Zellmembran umschlossen. Es wird ein Vesikel gebildet, das sich nach innen hin abschnürt.

Exocytose: Stoffe, die sich in einem Vesikel befinden, werden zur Zellmembran transportiert. Hier verschmilzt die Vesikelmembran mit der Zellmembran und die Stoffe werden nach außen abgegeben.

Biologische Bedeutung: Endocytose und Exocytose ermöglichen einen Transport von großen Partikeln (und größeren Mengen an Partikeln) in die Zelle bzw. aus ihr hinaus. Diese Partikel sind zum Teil zu groß, um die Zellmembran oder die Membran von Kompartimenten durch Diffusion, Osmose oder aktiven Transport passieren zu können. Zum Teil wäre es aber auch ungünstig, wenn sie im Cytoplasma frei vorhanden wären. Durch die Bildung von Vesikeln sind sie innerhalb der Zelle in einem Kompartiment konzentriert. Transportvorgänge können so zielgerichtet ablaufen, z. B. wenn die Vesikelmembran bei der Exocytose von Neurotransmittern nach dem Schlüssel-Schloss-Prinzip genau an einer Stelle der Zellmembran andockt, hinter der die Synapse liegt. So gelangen die Botenstoffe schnell und in großer Zahl an die richtige Stelle.

2

a) – c) Individuelle Lösungen.

3

a) Die Abbildung veranschaulicht die Diffusion von Farbstoffmolekülen im Teilchenmodell. Zu Versuchsbeginn (t = 0) befinden sich drei gleich konzentrierte Farbstofflösungen in einem Gefäß (links Rot, in der Mitte Grün, rechts Blau). Die drei Farbstofflösungen sind räumlich nicht voneinander getrennt Die jeweilige Konzentration der Stoffe ist als Liniendiagramm dargestellt. In einem Rechteck ist die Verteilung der Farbstoffteilchen durch entsprechend farbige Punkte dargestellt. In allen Darstellungsformen befinden sich zum Zeitpunkt t = 0 die Farbstoffe Rot, Grün und Blau jeweils unvermischt nebeneinander. Die Höhe der Kurven und die Teilchenanzahl sind jeweils gleich.

Nach 10 Minuten Versuchsdauer (t = 10 min) ist durch die Diffusion, die durch die Brownsche Molekularbewegung verursacht wird, eine Vermischung in den aneinander grenzenden Farbbereichen zu sehen. Die Kurven überschneiden sich in diesen Bereichen. In den äußeren Bereichen von Rot und Blau hat keine Durchmischung der unterschiedlichen Farbstoffteilchen stattgefunden. Das wird auch in der Verteilung der farbigen Punkte im Teilchenmodell deutlich.

Nach 20 Minuten Versuchsdauer (t = 20 min) ist eine vollständige Durchmischung durch Diffusion dargestellt. Die Flüssigkeit in der Petrischale zeigt eine einheitlich graue Mischfarbe, in der Rot, Grün oder Blau nicht mehr als Farbbereiche sichtbar sind. Die Konzentrationen im Liniendiagramm sind jeweils gleich. Im Teilchenmodell sind die Teilchen allerdings nicht vollständig gleichmäßig verteilt.

Grenzen dieser Modellvorstellung: Ein Modell dient der Veranschaulichung und berücksichtigt immer nur Teile der Wirklichkeit. In dem dargestellten Experiment werden Farbstoffe eingesetzt, um Vorgänge sichtbar zu machen, die auf der Ebene chemischer Teilchen nicht sichtbar sind. Die Grenzen des Modells liegen darin, dass die Bewegung der Farbstoffteilchen zwar plausibel ist, aber unsichtbar bleibt. Auch über die Natur der Teilchen (z. B. Größe, Ladung, Masse) gibt es keine Informationen. Die Teilchen des Lösungsmittels bleiben völlig unberücksichtigt.

b) Individuelle Lösung.

4

Individuelle Lösung.

5

a) Die Bilder veranschaulichen den Effekt der Osmose bei Tier- und Pflanzenzellen. 5b und 5e zeigen jeweils den Normalzustand, bei dem Außenmedium und Zellinneres etwa die gleiche Konzentration an gelösten Stoffen und damit auch die gleiche Wasserkonzentration aufweisen. Es besteht kein Konzentrationsgefälle und daher ist der Wassergehalt in der Zelle normal.

Rote Blutzellen sind tierische Zellen und besitzen daher keine Zellwand. Ist das Außenmedium hyperton, enthält also mehr gelöste Stoffe als das Zellinnere, strömt Wasser aus der Zelle heraus und die Zelle schrumpft: Abb. 5a. In Abb. 5c ist die Umgebung hypoton gegenüber der Blutzelle. Wasser strömt infolge des Konzentrationsgefälles in die Zelle, die sich ausdehnt und schließlich platzt.

Auch bei der Pflanzenzelle strömt Wasser aus der Zelle, wenn diese sich in einem hypertonen Medium befindet (Abb. 5d.). Die äußere Form und die Größe der Zelle bleiben in etwa erhalten, da sie von der stabilen Zellwand begrenzt wird. Allerdings sinkt der Turgor und die Zellmembran löst sich teilweise von der Zellwand (Plasmolyse). Ist das Außenmedium hypoton, ändert sich die Form der Zelle kaum, da die stabile Zellwand ihre Form beibehält. Allerdings steigt der Druck in der Zelle, der Turgor, an (Abb. 5f).

b) Die Zellwand verleiht der Zelle Stabilität und sie gewährleistet eine gleichbleibende Form im Verband mit anderen Zellen. Sie fängt quasi die Unterschiede im Turgor ab und sorgt dafür, dass die Pflanze sowohl bei Wassermangel als auch bei Wasserüberschuss ihre Form behält und nicht sofort in sich zusammenfällt oder ihre Zellen platzen.

6

Individuelle Lösung.

1.15   Die Bedeutung der Zellkompartimentierung für die Bildung unterschiedlicher Reaktionsräume

1

Die biologische Bedeutung der Kompartimentierung auf der Ebene von Zellen liegt darin, dass verschiedene Stoffwechselvorgänge ungestört nebeneinander und gleichzeitig stattfinden können. Tierische Zellen besitzen zahlreiche membranumgrenzte Kompartimente, die Zellorganellen. Dazu gehören z. B. Zellkern, Golgi-Apparat und Mitochondrien. Auch die Zellorganellen sind kompartimentiert: Ein Mitochondrium besitzt eine Doppelmembran. Die innere Membran ist stark gefaltet und besitzt damit eine große Oberfläche. Wesentliche Vorgänge der Zellatmung können in den Kompartimenten geordnet ablaufen und für Transportvorgänge zwischen Innen- und Außenbereich steht eine große Fläche zur Verfügung. Gleichzeitig können außerhalb des Mitochondriums vielfältige Stoffwechselprozesse unabhängig von denen im Mitochondrium stattfinden.

2

Anabole Stoffwechselprozesse führen von einfachen energiearmen Molekülen schrittweise bis zu sehr komplexen Makromolekülen. Der Energiegehalt nimmt dabei zu. Katabole Stoffwechselprozesse bauen energiereiche organische Verbindungen bis zu niedermolekularen Verbindungen ab. Die dabei frei werdende nutzbare Energie wird für weitere Stoffwechselprozesse verwendet.

Durch die Kompartimentierung ist gewährleistet, dass wesentliche Vorgänge der Zellatmung als katabole, Energie freisetzende Reaktionen geordnet und ständig ablaufen. Diese Energie steht auch außerhalb des Mitochondriums für lebenswichtige anabole Stoffwechselprozesse zur Verfügung. Anabole und katabole Stoffwechselvorgänge können durch die Kompartimentierung ungestört gleichzeitig stattfinden.

3

a) Individuelle Lösung.

b) Tierzellen und Bakterien transportieren Ionen aktiv aus der Zelle, wenn sie hyperton sind. Damit sinkt im Zellinneren die Gesamtkonzentration an gelösten Stoffen. Es werden isotonische Verhältnisse erreicht. Da in der Summe kein Wasser einströmt, kann die Zelle nicht platzen. Pflanzenzellen sind durch die stabile Zellwand vor dem Platzen geschützt. Durch das Einströmen von Wasser steigt der Turgor, bis er so groß ist, dass trotz hypertonem Innenmedium kein Wasser mehr einströmen kann. Viele einzellige Tiere befördern ständig das einströmende Wasser nach außen und verhindern auf diese Weise, dass der Druck in der Zelle zu stark ansteigt und die Zelle platzt.

c) Individuelle Lösung.

Wiederholen – Üben – Festigen

1

a – b) Individuelle Lösungen.

2

Alle Zellen haben folgende Eigenschaften:
- Zellen gehen aus Zellen hervor.
- Mit wenigen Ausnahmen besitzt jede Zelle den kompletten Satz an Erbinformationen, den man Genom nennt. Das Genom ist der Informationsspeicher für Bau und Funktion jeder Zelle. Es wird durch die Mitose bei der Zellteilung identisch verdoppelt.
- Zellen sind von einer Zellmembran umgeben und dadurch von ihrer Umgebung abgegrenzt.
- Zellen sind offene Systeme mit einem Stoffwechsel. Sie nehmen selektiv Stoffe aus ihrer Umgebung über die Zellmembran auf, wandeln sie um und geben andere Stoffe wieder ab.
- Zellen benötigen zur Aufrechterhaltung ihrer Funktionen Energie.

3

a) Die drei Abbildungen zeigen schematisch den Bau der drei grundsätzlichen Zelltypen. 1a: Prokaryotenzelle (Bakterium), 1b: pflanzliche Zelle, 1c: tierische Zelle.

b)

Organell	Pflanzenzelle	Tierzelle	Bau und Funktion
Zellmembran	x	x	Lipid-Doppelschicht mit eingelagerten Proteinen. Regulation des Stofftransports in die Zelle und aus der Zelle heraus. Träger von Membranrezeptoren.
Zellwand	x	–	Die Zellwand besteht hauptsächlich aus Cellulose. Sie schützt die Pflanze, verleiht ihr Stabilität und verhindert, dass die Zelle anschwillt, wenn Wasser ins Zellinnere gelangt.
Zellplasma (Cytoplasma)	x	x	Es besteht aus der wässrigen Zellflüssigkeit und dem festeren Zellskelett (Cytoskelett). Ort für den Ablauf grundlegender chemischer Vorgänge. Das Cytoskelett stabilisiert die Zelle und hat große Bedeutung für Transportvorgänge innerhalb der Zelle.
Zellkern	x	x	Der Zellkern ist von einer Doppelmembran mit Kernporen umgeben. Die Chromosomen im Inneren enthalten die Erbinformation in Form von DNA-Molekülen. Steuerung der Proteinsynthese mit Hilfe von Botenstoffen (mRNA), die aus dem Zellkern an die Ribosomen weitergeleitet werden.
Ribosom	x	x	Ribosomen sind makromolekulare Komplexe aus Proteinen und Ribonukleinsäuren (RNA), die im Cytoplasma, in den Mitochondrien und in den Chloroplasten vorkommen. Ort der Proteinsynthese.
Endoplasmatisches Retikulum (ER)	x	x	Ausgedehntes Membransystem. Man unterscheidet das glatte ER und das raue ER. Raues ER: Proteinbiosynthese. Glattes ER: Stoffwechselvorgänge, vor allem Kohlenhydratstoffwechsel; Beseitigung von Giftstoffen und Stoffwechselprodukten.
Golgi-Apparat	x	x	Membranstapel als Teil des Membransystems. Stofftransport, Stoffaufnahme und Stoffabgabe (Endo- und Exocytose) durch Membranvesikel.
Mitochondrium	x	x	Von einer Doppelmembran umgeben. Die äußere Membran besitzt eine glatte Oberfläche, die innere Membran zeigt zahlreiche Einfaltungen und umschließt die Mitochondrienmatrix mit DNA und Ribosomen. Zellatmung.

Organell	Pflanzenzelle	Tierzelle	Bau und Funktion
Chloroplast	x	–	Nur in grünen Pflanzenzellen. Von einer Doppelmembran umgeben. Die äußere Membran besitzt eine glatte Oberfläche, die innere Membran zeigt zahlreiche Einfaltungen. DNA und Ribosomen im Inneren. Ort der Fotosynthese.
Vakuole	x	–	Die Vakuole ist von einer Membran (Tonoplast) umgeben und enthält hauptsächlich Wasser. Speicherung von Stoffen. Die Vakuole spielt für den Wasserhaushalt der Zelle und den Zellinnendruck eine wichtige Rolle.
Plasmodesmen	x	–	Von der Zellmembran umhüllte Cytoplasmastränge zwischen verschiedenen pflanzlichen Zellen. Stoffaustausch zwischen benachbarten Zellen. Durch Plasmodesmen bilden die Zellen einer Pflanze eine Einheit.

c) Biologische Systeme sind in abgegrenzte Teilräume untergliedert, in denen verschiedene Vorgänge gleichzeitig und nebeneinander stattfinden können. Die pflanzliche Zelle besitzt zahlreiche voneinander abgegrenzte Kompartimente. Durch die Kompartimentierung ist z. B. gewährleistet, dass wesentliche Vorgänge der Zellatmung in den Mitochondrien als katabole, Energie freisetzende Reaktionen geordnet und ständig ablaufen. Diese Energie steht auch außerhalb des Mitochondriums für lebenswichtige anabole Stoffwechselprozesse zur Verfügung. Anabole und katabole Stoffwechselvorgänge können durch die Kompartimentierung ungestört gleichzeitig stattfinden. In einer grünen Pflanzenzelle sind die Chloroplasten von besonderer Bedeutung. In ihnen finden die Fotosynthesereaktionen statt. In der Pflanzenzelle können im Licht Fotosynthese und Zellatmung räumlich getrennt nebeneinander gleichzeitig ablaufen.

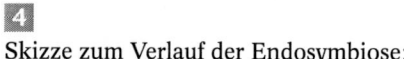

Skizze zum Verlauf der Endosymbiose:

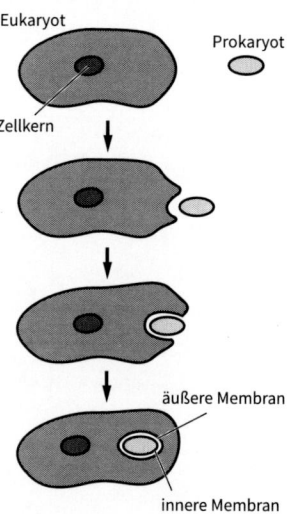

Eukaryot

Prokaryot

Zellkern

äußere Membran

innere Membran

Unter Endosymbiose versteht man, dass ein Wirtsorganismus einen anderen Organismus aufnimmt. Dieser Endosymbiont lebt im Wirtsorganismus weiter. Endosymbiont und Wirt haben gegenseitigen Nutzen voneinander. Nach der Endosymbiontentheorie entstanden die Mitochondrien und die Chloroplasten in der Frühzeit der Evolution der Eukaryoten durch Endosymbiose. Die Mitochondrien stammen demnach von atmenden Prokaryoten ab und die Chloroplasten von Fotosynthese treibenden Prokaryoten (Cyanobakterien).

Folgenden Indizien stützen diese Theorie:

Indiz	Schlussfolgerung
Doppelmembran bei Mitochondrien und Chloroplasten, innere Membran ähnelt der von Prokaryoten, die äußere der von Eukaryoten.	Die innere Membran ist die ursprüngliche Membran des Prokaryoten, die äußere ist die Membran des Eukaryoten, der den Prokaryoten umschlossen hat.
Vermehrung von Mitochondrien und Chloroplasten durch Teilung	Mitochondrien und Chloroplasten teilen sich noch selbstständig wie ihre Vorfahren, die aufgenommenen Prokaryoten.
Die Ribosomen von Chloroplasten und Mitochondrien sind leichter als die im Cytoplasma.	Mitochondrien und Chloroplasten haben ihre eigenen Ribosomen, die den Ribosomen von Prokaryoten gleichen. Sie haben sie von ihren Vorfahren weiter übernommen. Die schwereren Ribosomen der Eukaryoten sind in der ursprünglichen eukaryotischen Zelle weiterhin enthalten.
Mitochondrien und Chloroplasten besitzen eigene ringförmige DNA.	Mitochondrien und Chloroplasten haben von ihren Vorfahren DNA weiter übernommen, sie ähnelt noch der von Prokaryoten.
Gegenüber Bakterien haben Mitochondrien und Chloroplasten ein kleineres Genom und ihre Proteine werden im Cytoplasma synthetisiert.	Der Befund deutet auf einen Genverlust der beiden Organellen im Laufe der Symbioseentwicklung hin.

5

Fette gehören zur Naturstoffgruppe der Lipide. Allen Lipiden ist gemeinsam, dass sie nicht wasserlöslich sind. Phospholipide bilden den Hauptbestandteil der Zellmembran und der Membranen der Zellorganellen. Diese Lipide besitzen einen polaren, hydrophilen, und einen unpolaren, hydrophoben Molekülteil. Dies ermöglicht eine spezifische Anordnung zu einem flüssigen Mosaik und die Bildung von Vesikeln. Selektiver Stofftransport und Zellkommunikation werden dadurch möglich.

6

a) Phospholipide bestehen aus Glycerin, zwei Fettsäuren und einer Phosphatgruppe. An die Phosphatgruppe können noch zusätzliche positiv geladene Moleküle gebunden sein. Ein solches Phospholipidmolekül ist ein Grundbaustein von Membranen mit einem polaren, hydrophilen, und einem unpolaren, hydrophoben Molekülteil. Phospholipide bilden eine Abgrenzung zwischen wässrigen Kompartimenten. Sie ordnen sich zu einer Doppelschicht. Die hydrophilen Teile der Moleküle sind zum Wasser hin ausgerichtet und schirmen die hydrophoben Teile ab. In diese Doppelschicht aus Phospholipiden sind Membranproteine eingelagert, deren hydrophilen Teile aus der Membran in die wässrige Umgebung herausragen. Die hydrophoben Proteinbereiche befinden sich in der Umgebung der hydrophoben Membranbereiche, in denen sie frei beweglich sind. Auch die Phospholipidmoleküle der Membran sind frei beweglich. Man spricht vom Flüssig-Mosaik-Modell.

b) Von links nach rechts:

Diffusion: Teilchen führen im Zellinneren und Zelläußeren ungerichtete und zufällige Bewegungen durch. Durch Diffusion gelangen unpolare Moleküle und kleinere polare Teilchen durch die Zellmembran. In der Bilanz bewegen sich mehr Teilchen in Richtung geringerer Konzentration, hier im Zellinneren. Die Stoffe diffundieren entlang eines Konzentrationsgefälles. Weil dabei keine zusätzliche Energie benötigt wird, handelt es sich um einen passiven Transport.

Erleichterte Diffusion: Transportproteine in der Membran begünstigen die Diffusion durch die hydrophoben Membranbereiche.

Osmose: Die Diffusion von Wasser durch die Zellmembran wird als Osmose bezeichnet. Sie folgt einem bestehenden Konzentrationsgradienten, indem mehr Wassermoleküle auf die Seite mit der geringeren Wasserkonzentration diffundieren als umgekehrt.

Aktiver Transport: Bei bestimmten Stoffen muss für den Transport durch die Membran Energie in Form von ATP aufgewendet werden. Dieser aktive Transport ist an Proteine gebunden, die in die Membran eingelagert sind.

Beim aktiven Transport kann die Zelle einen Stoff gegen das Konzentrationsgefälle in die Zelle hinein, oder aus der Zelle heraus transportieren.

Endocytose: Bestimmte Makromoleküle, größere Teilchen oder Flüssigkeitstropfen werden durch die Bildung von Vesikeln in die Zelle hinein befördert.

Exocytose: Stoffe, die in Vesikeln konzentriert vorliegen, werden aus der Zelle nach außen abgegeben, indem die Vesikel- mit der Zellmembran verschmilzt.

c) *Plasmolyse:* Befindet sich eine Pflanzenzelle in einem hypertonen Medium ist die Konzentration der Wassermoleküle außerhalb der Zelle größer als innerhalb. In der Bilanz diffundieren mehr Wassermoleküle aus dem Zellinneren heraus als hinein. Die Zelle verliert Wassermoleküle durch Osmose. Die Form und Größe der Zelle bleibt in etwa erhalten, da sie von der stabilen Zellwand begrenzt wird, die ihre Form beibehält. Der Turgor sinkt und die elastische Zellmembran löst sich größtenteils von der starren Zellwand. Es entsteht ein Hohlraum zwischen Zellmembran und Zellwand.

7

Die Oberflächenstrukturen sind wichtig für Erkennung der Zellen untereinander, für die Signalübermittlung von Zelle zu Zelle und für die Aufnahme von Reizen aus der Umgebung. Beispiele:

Glykoproteine sind Membranproteine, deren Zuckeranteile aus der Membran herausragen. Sie vermitteln die Erkennung von Zellen untereinander und ermöglichen das Zusammentreten von Zellen zu Geweben.

Rezeptorproteine binden Signalmoleküle nach dem Schlüssel-Schloss-Prinzip. Das Signal kann ein Molekül sein, aber auch z.B. ein Lichtreiz. Ein extrazelluläres Signal, das auf einen passenden Rezeptor trifft, ist der Ausgangspunkt der Signaltransduktion. Der Rezeptor ist so in die Membran eingebettet, dass er eine Verbindung zwischen extra- und intrazellulärem Raum herstellt. Durch Rezeptorproteine wird ein extrazelluläres Signal in ein intrazelluläres Signal umgewandelt. Eine Kette intrazellulärer Signalmoleküle wird dadurch aktiviert. Die intrazellulären Signalmoleküle bewirken eine spezifische Zellreaktion. Zwischen Nervenzellen besteht auf dieser Basis eine sehr schnelle Form der Kommunikation. Die Signaltransduktion erfolgt an den Synapsen. An der präsynaptischen Membran der Synapse werden Signalmoleküle durch Exocytose als Neurotransmitter freigesetzt und gelangen an spezifische Rezeptoren der postsyaptische Membran einer anderen Zelle, in der spezifische Reaktionen folgen.

8

a) Höher entwickelte Vielzeller besitzen eine Vielzahl unterschiedlicher Zelltypen. Zellen mit gleicher Funktion bilden ein Gewebe. Mehrere Gewebe bilden ein Organ. So besteht das Organ Herz aus Muskelgewebe, Bindegewebe, Nerven und Blutgefäßen.

Wenn Zellen eines Organismus neben vielen Gemeinsamkeiten Unterschiede entwickeln, nennt man das Differenzierung. Differenzierung und Spezialisierung von Zellen für unterschiedliche Aufgaben ermöglichen Arbeitsteilung und Zusammenarbeit. Kommunikation zwischen Zellen ist eine Voraussetzung dafür, dass die Lebensvorgänge in einem Vielzeller aufeinander abgestimmt sind.

b) Bei einer Zellteilung entsteht aus einer Zelle durch Mitose jeweils eine in Struktur und Funktion identische Kopie. Bei der Teilung einer Stammzelle kann über eine zunehmende Differenzierung eine endgültig differenzierte Zelle entstehen, die im Organismus auf bestimmte Funktionen spezialisiert ist.

Die Zellen in der Oberhaut des Menschen entwickeln und differenzieren sich in unterschiedlich langen Zellzyklen. So wird die kontrollierte Abfolge der Zeiten zwischen zwei Zellteilungen bezeichnet. Die Teilungen beginnen mit gelegentlichen Zellzyklen von Stammzellen im unteren Bereich der Oberhaut. Nach Aktivierung der daraus entstandenen Tochterzellen erfolgt eine Differenzierung der Stammzellen zu den Keratinozyten. Die Zahl der Zellzyklen steigt bis zu einer schnellen Abfolge. Die Keratinocyten vermehren sich rasch. Sind die Zellen endgültig differenziert, erfolgen keine Zellteilungen mehr. Die Zellzyklen sind beendet. Im Endstadium der Differenzierung sterben die Zellen ab. Durch diesen programmierten Zelltod entsteht aus toten Keratinozyten die Hornschicht der Oberhaut.

2 Die Funktion des Zellkerns

2.1 Die Bedeutung des Zellkerns

1

In Teilversuch a wird ein unbefruchtetes Froschei mit ultravioletter Strahlung bestrahlt. Dadurch wird der Zellkern zerstört und das Ei stirbt ab, da die Erbinformation zerstört ist (gespeichert im Zellkern). In Teilversuch b wird wie in a verfahren. Des Weiteren werden einer Kaulquappe Darmwandzellen entnommen und aus diesen ein Zellkern isoliert. Dieser wird in das kernlose Ei transplantiert. Dieses präparierte Ei entwickelt sich normal zu einer Kaulquappe und einem Frosch. Durch die Übertragung des Zellkerns ist die Erbinformation wieder vorhanden und die Zelle entwickelt sich normal. Möglich ist dies, weil alle Zellkerne die gleiche Erbinformation besitzen, unabhängig davon, ob der Zellkern (wie in diesem Fall) aus einer Darmwandzelle oder einer anderen Zelle stammt.

2

Individuelle Lösung, z. B:

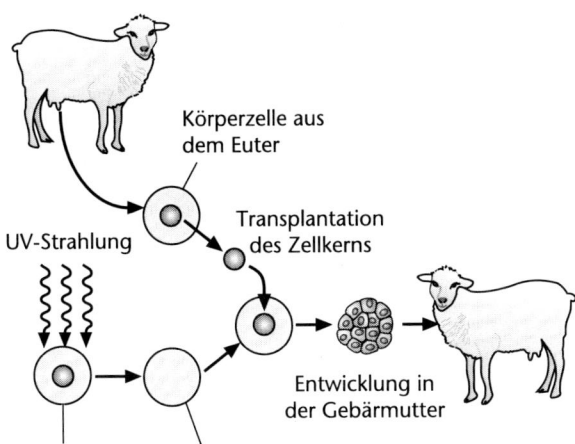

Körperzelle aus dem Euter

UV-Strahlung

Transplantation des Zellkerns

Entwicklung in der Gebärmutter

3

Eine junge, einzellige Alge vor der Schirmausbildung wird in drei Teile geschnitten: Wurzelregion, Stiel und Schirmregion. Aus der Wurzelregion entwickelt sich eine vollständige neue Alge mit Schirm; der Stiel wächst nicht weiter und aus der Schirmregion entwickelt sich ein neuer Schirm. Im Stiel befinden sich weder der Zellkern noch „bewegliche Moleküle" (Grundwissentext), die die abgelesene Erbinformation enthalten. Dadurch kann der Stiel nicht weiter wachsen. Die „beweglichen Moleküle" sind jedoch in der Schirmregion enthalten und können dadurch die Stoffwechselreaktionen zur Ausbildung des Schirms einleiten. Aus der Wurzelregion entwickelt sich eine normale Alge, da sie den Zellkern mit allen Erbinformationen besitzt.

Dies zeigt sich auch in Experiment b: Nach Überführung des Zellkerns aus der Wurzelregion in den Stiel kann auch dieser zu einer vollständigen Alge wachsen, da er die vollständige Erbinformation enthält.

4

Aus der Wurzelregion von Acetabularia crenulata kombiniert mit dem Stiel von Acetabularia mediterranea entwickelt sich der Schirm von Acetabularia mediterranea, da die „beweglichen Moleküle" im Stiel bereits zur Ausprägung des Merkmals führen. Schneidet man davon den Schirm ab, entwickelt sich ein neuer Schirm, dessen Ausprägung zwischen den Merkmalen der beiden Schirme ist. Dies kommt durch das Vorhandensein „beweglicher Moleküle" sowohl von Acetabularia mediterranea als auch von Acetabularia crenulata. Schneidet man den Schirm wieder ab, entwickelt sich ein Schirm mit den Merkmalen des Schirms von Acetabularia crenulata, da die Information für die Ausprägung jetzt ausschließlich aus dem Zellkern stammt.

2.2 Chromosomen und ihre Darstellung

1

Individuelle Lösung, z. B.:

Chromosomen enthalten die Erbinformation und sie kommen bei Eukaryoten im Zellkern vor. Ein einzelnes Chromosom enthält ein DNA –Molekül als langes, spiralig aufgebautes Molekül. Die Grundbausteine der DNA sind Nucleotide. Es gibt vier verschiedene Nucleotide: Cytosin, Guanin, Adenin und Thymin. In der Reihenfolge dieser Bausteine ist die Erbinformation verschlüsselt. Die Nucleotide sind paarweise miteinander verbunden, sodass sich eine Ähnlichkeit mit einer Leiter ergibt. Cytosin und Guanin bilden ein Paar, Adenin und Thymin verbinden sich auch zu einem Paar. Die Leiter besteht aus einem spiralförmigen Doppelstrang.

2

Die Zahl der DNA-Moleküle beträgt
- direkt vor der Zellteilung: 92
- zwischen zwei Zellteilungen: 46
- in den Geschlechtszellen: 23

Begründung: Zu Beginn der Zellteilung liegen die Chromosomen als Doppelchromosomen vor. Jedes Doppelchromosom enthält zwei DNA-Moleküle und ist zweifach vorhanden; die Zahl der DNA-Moleküle beträgt also 92. Zwischen zwei Zellteilungen besitzt jede Körperzelle den diploiden Chromosomensatz, also 46 Einzelchromosomen mit 46 DNA-Molekülen. Eizellen und Spermazellen sind haploid. Sie haben von jedem Chromosomenpaar (46 Chromosomen) jeweils nur den mütterlichen oder den väterlichen einfachen Anteil, also 23 Chromosomen und damit auch 23 DNA-Moleküle.

3

Zuordnungen:

1 – W	7 – U	13 – I	19 – M
2 – T	8 – Q	14 – P	20 – B
3 – O	9 – S	15 – V	21 – E
4 – J	10 – F	16 – R	22 – N
5 – H	11 – A	17 – G	23 – K
6 – D	12 – C	18 – L	

Die Überprüfung auf Vollständigkeit zeigt, dass ein vollständiger Chromosomensatz vorliegt, da sich die jeweils homologen Autosomen und Gonosomen paarweise vollständig zuordnen lassen. An Position 23 ergibt sich das Gonosomenpaar XY. Es wurde ein männliches Individuum untersucht.

2.3 Die biologische Bedeutung der Mitose

1

Individuelle Lösung.

2

C ⇒ I	vor einer Mitose
D ⇒ I – II	Beginn der Mitose, Membran des Zellkerns aufgelöst
B ⇒ II, III	Doppelchromosomen in der Zellmitte in einer Ebene angeordnet
F ⇒ IV	Doppelchromosomen werden getrennt und durch Spindelfasern jeweils zu den Polen gezogen
A ⇒ V	Ausbildung neuer Kernmembranen, Chromosomen verlieren aufgerollte Struktur
E ⇒ V	Kernmembranen vollständig ausgebildet, zwei Zellen durch erbgleiche Teilung entstanden, wobei die Aufteilung des Zellplasmas noch nicht ganz beendet ist

3

a)

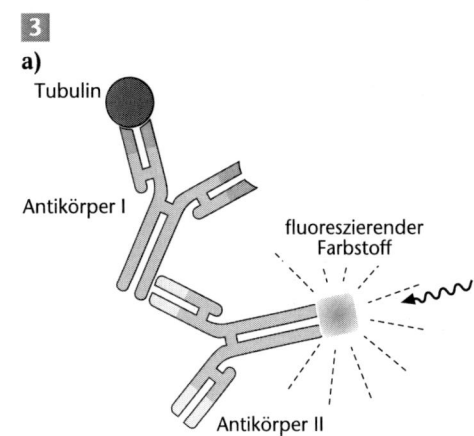

b) Das Cytoskelett hat große Bedeutung für die Mitose.
- Zu Beginn der Mitose in Phase I (C,D) entstehen die Spindelfasern aus dem Cytoskelett.
- In Phase II und III (B) sind die Doppelchromosomen in der Zellmitte angeordnet und mit den Spindelfasern verbunden.
- In der folgenden Phase IV (A) werden die Doppelchromosomen getrennt und je eines der identischen Chromosomen wandert mithilfe der Spindelfasern zu einem Pol.

Die Funktion der Spindelfasern als Teil des Cytoskeletts gewährleistet bei der Mitose eine Neuverteilung der Chromosomen für zwei erbgleiche Zellen.

2.4 Identische Verdopplung der DNA: Replikation

1

a) Zu Beginn des Zellzyklus, in der frühen Interphase, liegt jedes Chromosom zweimal vor (2x, Phase I). In der Interphase findet die Verdopplung der DNA-Moleküle statt (Phase II), sodass in der späten Interphase jedes Chromosom eines Chromosomenpaars als Doppelchromosom vorliegt (4x, Phase III). In der anschließenden Mitose werden die Chromosomen eines jeden Doppelchromosoms voneinander getrennt und auf zwei Tochterzellen verteilt (Phase IV) und nach vollendeter Zellteilung liegen in jeder Zelle wieder nur Paare aus Einfach-Chromosomen vor (2x, Phase V).

b) Basensequenz des Elternstranges:
C – T – T – G – C – A – G – C – T – A – G –
G – C – C – C – G – T – C – G – A – T – C –

(Cytosin - Thymin - Thymin – Guanin – Cytosin – Adenin – Guanin – Cytosin – Thymin – Adenin – Guanin – Guanin)

(Guanin – Adenin – Adenin – Cytosin – Guanin – Thymin – Cytosin – Guanin – Adenin – Thymin – Cytosin – Cytosin)

Basensequenz der beiden Tochterstränge:
C – T – T – G – C – A – G – C – T – A – G –
G – C – C – C – G – T – C – G – A – T – C –

Die Basensequenzen der beiden Tochterstränge sind exakt mit der Basensequenz des Elternstranges identisch.

a) Bei der semikonservativen Verdopplung wird der ursprüngliche Doppelstrang der DNA getrennt und jeweils ein neuer Strang ergänzend neu gebildet. Die entstehenden zwei DNA-Doppelstränge enthalten daher jeweils zur Hälfte das schwere Isotop 15N und das leichte Isotop 14N. Bei der konservativen Verdopplung wird eine komplette Kopie des alten DNA-Strangs neu hergestellt; der Ursprungsstrang, der nur 15N enthält, bleibt unverändert, der neu gebildete DNA-Doppelstrang enthält nur leichten Stickstoff (14N).

b) In der dritten Bakteriengeneration finden sich nach semikonservativer Verdopplung 25 % mittelschwere DNA (14N-/15N-DNA) und 75 % leichte DNA (14N-DNA). Nach konservativer Verdopplung finden sich 12,5 % schwere DNA (15N-DNA) und 87,5 % leichte DNA (14N-DNA).

... wenn die semikonservative Verdopplung richtig ist

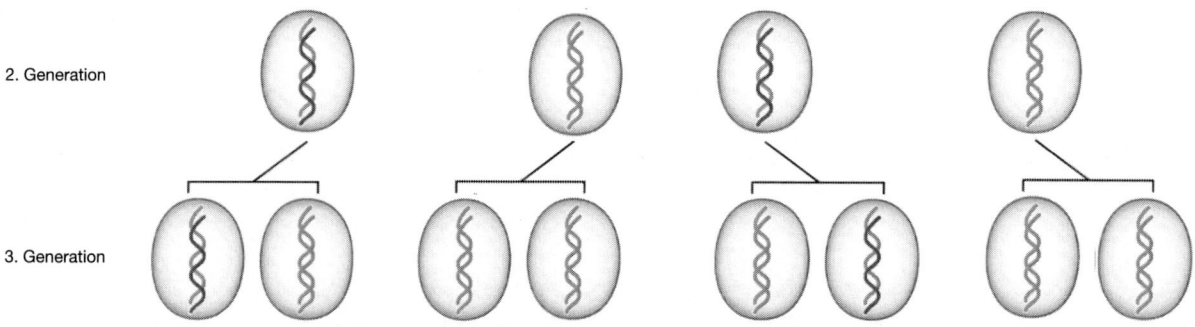

2. Generation

3. Generation

25 % mittelschwere DNA (^{15}N-/^{14}N-DNA) und 75 % leichte DNA (^{14}N-DNA)

... wenn die konservative Verdopplung richtig ist

2. Generation

3. Generation

12,5 % schwere DNA (^{15}N-DNA) und 87,5 % leichte DNA (^{14}N-DNA)

2.5 Biologisch bedeutsame Makromoleküle: Nucleinsäuren

1

In Abb. 1b ist ein DNA-Abschnitt mit einem Molekülbaukasten als Kalottenmodell nachgebaut worden. Jedes Atom ist dabei durch einen Baustein mit bestimmter Farbe und Größe dargestellt, sodass das Molekül maßstabsgetreu vorliegt. Die Farbgebung ist in solchen Modellen festgelegt: Schwarz = C, Weiß = H, Rot = O, Blau = N, Gelb = P. Naturgemäß tritt durch eine solche Darstellung die Übersichtlichkeit in den Hintergrund.

Abb. 1c zeigt einen größeren Abschnitt der DNA, in dem die einzelnen Bausteine zueinander angeordnet schematisch dargestellt sind, ohne dass auf die genaue Formel eingegangen wird. Gleichzeitig wird die räumliche Anordnung deutlich, die die Strickleiterform des DNA-Doppelstranges aufzeigt.

In Abb. 1d ist die DNA durch einen zweidimensionalen Ausschnitt der Strukturformel dargestellt. Jeder DNA-Strang besteht aus einer Kette, die aus den Bausteinen Desoxyribose und Phosphat gebildet wird. Dabei ist die Phosphatgruppe mit einem Sauerstoffatom an das fünfte Kohlenstoffatom der Desoxyribose gebunden und mit einem anderen Sauerstoffatom an das dritte Kohlenstoffatom des nächsten Desoxyribosebausteins. Die beiden Enden der Kette werden demnach als 3'- bzw. als 5'- Ende bezeichnet. Jeder Desoxyribosebaustein ist über sein erstes Kohlenstoffatom mit einer Base verknüpft. Als Basen stehen Thymin, Guanin, Adenin und Cytosin zur Verfügung. Die beiden Ketten sind gegenläufig zueinander angeordnet, sodass jeweils zwei Basen gegenüber stehen. Dabei stehen sich immer entweder Thymin und Adenin oder Cytosin und Guanin gegenüber und sind über Wasserstoffbrücken miteinander verbunden. Im Fall von Thymin und Adenin sind es zwei Wasserstoffbrücken, im Fall von Cytosin und Guanin drei Wasserstoffbrücken.

2

Bei allen Organismen ist der Anteil von Adenin und Thymin in etwa gleich groß, ebenso der von Cytosin und Guanin. Diese Anteile sind in den verschiedenen Organismen unterschiedlich. Demzufolge ist das Verhältnis Adenin/Thymin bei allen Organismen ungefähr gleich 1, ebenso das Verhältnis Guanin/Cytosin. Diese Ergebnisse unterstützen das Watson-Crick-Modell, nach dem immer die Basen Adenin und Thymin ein Basenpaar bilden, ebenso wie die Basen Guanin und Cytosin. Der Anteil der Basen jedes dieser Basenpaare muss daher gleich sein und das Verhältnis zueinander muss den Wert 1 betragen. Dies ist bei allen Organismen der Fall. Aus dem Modell ist ebenfalls abzuleiten, dass das Verhältnis Adenin + Guanin zu Thymin + Cytosin aufgrund der Basenpaarung den Wert 1 haben muss, was auch der experimentelle Befund bestätigt. Das Verhältnis der Basenpaare Adenin + Thymin zu Guanin + Cytosin ist dagegen unterschiedlich, je nach Anteil der Basen in dem Organismus.

3

Masse der gesamten DNA:
$(2 \cdot 10^{12}) \cdot 6$ pg $= 12$ g (l pg $= 10^{-12}$ g)
Basenpaare insgesamt:
$(2 \cdot 10^{12}) \cdot (5500 \cdot 10^6) = 1,1 \cdot 10^{22}$
Abstand zwischen 10 Basenpaaren: 3,4 nm
Abstand zwischen den Basenpaaren: 0,34 nm
Länge der gesamten DNA:
$(1,1 \cdot 10^{22}) \cdot 0,34$ nm $= 3,74 \cdot 10^{21}$ nm $= 3,75 \cdot 10^{12}$ m $= 3,75 \cdot 10^9$ km

4

Thymin und Adenin sind durch zwei Wasserstoffbrücken miteinander verbunden, Cytosin und Guanin dagegen durch drei Wasserstoffbrücken. Die Verbindung zwischen Cytosin und Guanin ist daher stabiler und es wird mehr Energie benötigt, um sie zu trennen. Daher wird sie erst bei höheren Temperaturen aufgebrochen. DNA, die einen hohen Gehalt an Cytosin und Guanin hat, lässt sich deshalb erst mit höheren Temperaturen in ihre Einzelstränge auftrennen.

2.6 Die Bedeutung der Desoxyribonucleinsäure

–

2.7   Zeltkulturtechnik in der Biotechnologie und Biomedizin

1

Individuelle Lösung.

2

Synthetische Haut: Die Vorteile liegen in der Vermeidung von Tierversuchen. Tests für Medikamente, Arbeitsstoffe und Kosmetika sind möglich, ohne dass Versuchstiere dabei leiden müssen. Die Nachteile liegen darin, dass nur die Reaktionen der Haut spezifisch geprüft werden können. Es bleibt ein künstliches Testsystem, und es ist möglich, dass echte Haut in ihrer natürlichen Umgebung etwas anders reagiert. Aussagen über die Auswirkungen auf andere Systemebenen wie andere Organe oder den Organismus sind nicht möglich.

Zellkulturen: Die Vorteile liegen in der Vermeidung von Tierversuchen bzw. gefährlichen Tests an Patienten. Reaktionen (z. B. Absterben) der Zellen im Labor geben zumindest einen ersten Hinweis auf die Wirkung eines Stoffes auf zellulärer Ebene. Aussagen über die Auswirkungen auf andere Systemebenen wie andere Organe oder den Organismus sind nicht möglich. Aussagen über die Fähigkeit zur Kompensation der Schadwirkung und über die ökologische Bedeutung sind durch die zeitliche Begrenzung ebenfalls nicht möglich.

3

a) Die Informationen finden sich im Abschnitt 1.8 Multi-pluri- und totipotente Zellen.

Die Fähigkeit einer einzelnen Zelle, einen vollständigen Organismus hervorzubringen, bezeichnet man als Totipotenz.

Die pflanzliche Zellkulturtechnik stellt Pflanzenzellen z. B. in einer Suspension bereit. Sie können unbegrenzt kultiviert werden. Diese Pflanzenzellen können als Ausgangsmaterial für Versuche verwendet werden, z. B. für Wachstumsexperimente, um die Wirkung von Pflanzenhormonen zu untersuchen, oder um die Giftigkeit bzw. Wirksamkeit von Pestiziden zu untersuchen.

Statt der Züchtung neuer Nutzpflanzensorten kann ein Pflanzenexemplar, das die gewünschten Eigenschaften zeigt, mit Hilfe der pflanzlichen Gentechnik „vervielfältigt" werden. Wie bei der ungeschlechtlichen Vermehrung entstehen erbgleiche Pflanzen, die dieselben Eigenschaften aufweisen wie die Ausgangspflanze. Das wäre bei der herkömmlichen Vermehrung über Befruchtung und Samenbildung nicht so sicher und auch nicht so schnell zu erreichen.

b) Die pflanzliche und tierische Zellkulturtechnik unterscheiden sich, denn im Gegensatz zu menschlichen und tierischen Zellen sind alle Zellen einer Pflanze totipotent. Aus jeder Zelle der Pflanzenzellkultur könnte wieder ein vollständiger Organismus entstehen. Damit könnte eine Kultur reichen, um verschiedenste Fragestellungen zu untersuchen. Die Zellen einer Zelllinie nicht pflanzlicher Zellen repräsentieren nur die Eigenschaften der spezialisierten und differenzierten Ursprungszellen, bzw. einer Gruppe von Zelltypen (wenn es sich um eine Kultur aus pluripotenten Zellen handelt). Für umfassende Untersuchungen werden evtl. verschiedene Zellkulturen benötigt.

Wiederholen – Üben – Festigen

a) Individuelle Lösung.
b) Individuelle Lösung.

a) Individuelle Lösung, z. B.:
Laudatio: John Gurdon (geboren 1933) hat bereits in den 60er Jahren des letzten Jahrhunderts einen wichtigen Grundstein der für die Stammzellforschung gelegt. Bei

seinen Forschungen an Froscheiern war es ihm gelungen, den Zellkern von differenzierten Zellen mit kernlos gemachten Eizellen zu verschmelzen. Aus diesen Zellen wuchsen normale, geschlechtsreife Tiere heran. Gurden hat also bereits damals „geklont" und gezeigt, dass sich das Erbmaterial eines Individuums während der Entwicklung nicht grundlegend ändert. Auch eine ausdifferenzierte Zelle enthält in ihrem Kern immer noch das komplette Erbmaterial, das zur Ausbildung eines neuen

Organismus notwendig ist. Wichtig ist, dass er sich in der richtigen Umgebung – hier im Zytoplasma einer Eizelle – befindet. Dies war außerdem ein erster Hinweis darauf, dass es im Zellplasma Faktoren gibt, die das Ablesen von Genen steuern. Diese beiden Erkenntnisse sind aus der heutigen Stammzellforschung nicht wegzudenken!

b) Abbildung 3a

Beschreibung: Einer Karotte wird eine Gewebeprobe entnommen. Auf einem festen Nährmedium vermehren sich die Zellen der Gewebeprobe. Die entstandenen Zellen werden in ein flüssiges Nährmedium gegeben und mechanisch durch rotierende Bewegung des Gefäßes voneinander getrennt, sodass die Einzelzellen jetzt in einer Suspension vorliegen. Eine Einzelzelle wird entnommen und in ein neues Gefäß mit flüssigem Nährmedium übertragen. Nach mehreren Zellteilungen entwickelt sich aus der Einzelzelle ein Embryo, der zu einer jungen Pflanze heranwächst. Bei Versuchsende liegt wieder eine Karotte wie bei Versuchsbeginn vor.

Deutung: Aus ausdifferenziertem Pflanzengewebe lassen sich Einzelzellen gewinnen, die totipotent sind. Das heißt aus jeder von ihnen kann unter den richtigen Kulturbedingungen ein vollständiger Organismus entstehen. Dieser ist erbgleich mit der Ausgangspflanze, es ist also ein Klon.

Abbildung 3b

Beschreibung: Einer Kuh werden aus dem Eileitergewebe Zellen entnommen. Aus einer anderen Kuh stammt eine unbefruchtete Eizelle, deren Zellkern entfernt wird. Aus einer der Eileiterzellen wird mit Hilfe einer Mikropipette der Zellkern entnommen und in die kernlose Eizelle transplantiert. Der Zellkern und die Eizelle verschmelzen zu einer künstlichen Zygote, die sich durch mehrere Zellteilungen zu einem Embryo entwickelt. Dieser Embryo wird in eine Kuh übertragen, die als Ammenkuh bezeichnet wird. Der Embryo wir ausgetragen und ein Kalb kommt zur Welt.

Deutung: Zum Klonen einer Kuh benötigt man den Zellkern mit der Erbinformation einer Körperzelle und eine kernlose Zygote. Der haploide Chromosomensatz einer unbefruchteten Eizelle wird durch den diploiden Chromosomensatz einer Körperzelle ersetzt. Nun liegt sozusagen eine künstliche Zygote vor. Hieraus entstehen durch Mitosen, Differenzierungen und Spezialisierungen alle Körperzellen des Lebewesens. Das gilt in diesem Transplantationsexperiment auch. Aus der künstlichen Zygote wird in einer Ammenkuh ein Kalb, das genetisch mit dem Spendertier der Eileiterzellen identisch ist. Es handelt sich um einen Klon.

3

Die DNA ist ein Kettenmolekül, das aus vielen hintereinander verknüpften Nucleotiden besteht. In der DNA gibt es vier verschiedene Nucleotide, die sich in der enthaltenen Base unterscheiden (A = Adenin, T = Thymin, C = Cytosin, G = Guanin). Ein DNA-Molekül besteht aus zwei Strängen, die sich schraubig umeinander winden, die Doppelhelix. Dabei bilden die Basen A und T, sowie C und G jeweils ein Paar, man bezeichnet dies als komplementäre Basenbindung nach dem Schlüssel-Schloss-Prinzip. Die DNA-Doppelhelix bildet die Grundstruktur eines Chromosoms.

4

Basensequenz der letzten 10 Basenpaare (von unten nach oben und von links nach rechts geordnet):

G – C
C – G
T – A
A – T
G – C
G – C
A – T
C – G
T – A
A – T

Die zwischenmolekularen Anziehungskräfte der Basenpaare sind Wasserstoffbrückenbindungen. Liegen sich Adenin und Thymin gegenüber, bilden sich zwei Wasserstoffbrückenbindungen, bei Cytosin und Guanin drei. Die komplementäre Basenpaarung funktioniert nach dem Schlüssel-Schloss-Prinzip.

5

Die semikonservative Verdopplung der DNA ist ein von Enzymen bewirkter Vorgang. Die Wasserstoffbrückenbindungen zwischen den komplementären Basenpaaren werden gelöst und die Doppelhelix liegt in Form von zwei Einzelsträngen vor. Freie Nucleotide lagern sich an. Durch Ausbildung von Wasserstoffbrückenbindungen wird ein komplementärer neuer Strang zur Basenabfolge jedes Einzelstranges gebildet.

Ein Reißverschluss besteht aus zwei Seitenteilen. Jeder Streifen hat feine Zähne aus Metall oder Kunststoff, die beim Schließen durch einen Schieber miteinander mechanisch verzahnt werden. Als DNA-Modell kann nur die Struktur als Doppelstrang aus zwei auftrennbaren und wieder verschließbaren „Einzelsträngen" veranschaulicht werden. Die beiden „Einzelstränge", die nach dem Öffnen des Reißverschlusses vorliegen, bleiben in ihrer „Sequenz der Zähne" konservativ erhalten. Ein Zusammenschluss zu einem „Doppelstrang kann aber nur durch den bereits vorliegenden zweiten „Einzelstrang" erfolgen, der ebenfalls unverändert bleibt. Da beim Reißverschluss jeder „Einzelstrang" des „Doppelstranges" beim Öffnen und Schließen erhalten bleibt, erfolgt dieser Vorgang im Modell „semikonservativ". Der entscheidende Vorgang der DNA-Verdopplung kann aber nicht gezeigt werden. Dazu müsste zu jedem Reißverschluss-Einzelstrang aus einzelnen mechanischen Elementen ein komplementär passendes Gegenstück Stück für Stück hinzugefügt werden. Im Ergebnis müssten dann zwei identische Reißverschlüsse vorliegen, bei denen jeweils eine Seite erhalten geblieben ist, die andere wurde neu gebildet.

Reißverschlüsse können sich nicht identisch vermehren. Die Fähigkeit zur identischen Reduplikation besitzt ausschließlich die DNA.

6

a) Reihenfolge der Mitosestadien: a bis f

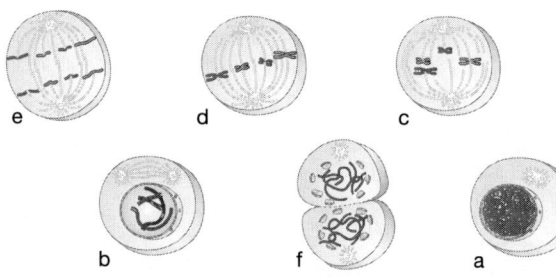

Begründung:

a/b) Zu Beginn der Mitose wird die Membran des Zellkerns aufgelöst. Die DNA wird aufgerollt und dadurch kompakter. Die Doppelchromosomen werden sichtbar. Die Spindelfasern entstehen als Teil des Cytoskeletts.

c/d) Die Doppelchromosomen sind in der Zellmitte in einer Ebene angeordnet und mit den Spindelfasern verbunden.

e) Die Doppelchromosomen werden getrennt. Je eines der beiden identischen Chromosomen gelangt nun mit Hilfe der Spindelfasern zu einem Pol.

f) An jedem Pol wird eine neue Kernmembran gebildet, die die Chromosomen umschließt. Das Cytoplasma wird auf die beiden Tochterzellen aufgeteilt, die sich durch Einschnürung der Membran voneinander trennen.

b) Das Wachstum von mehrzelligen Organismen beruht im Wesentlichen auf der zunehmenden Anzahl ihrer Zellen. Dies geschieht durch Mitosen. Dabei entstehen aus einer Zelle zwei erbgleiche Zellen. Diese Zellen besitzen alle die gleichen Erbinformationen wie die Zygote als ursprüngliche Einzelzelle mit dem vollständigen diploiden Chromosomensatz. Ein Organismus besteht also aus lauter erbgleichen Zellen. Die Versuche in den Abbildungen 2 und 3 zeigen durch Klonierung, dass grundsätzlich auch in den Zellkernen von differenzierten und spezialisierten Körperzellen bei Tieren und Pflanzen alle Erbinformationen des Lebewesens vorhanden sind.

c) Das Cytoskelett hat große Bedeutung für die Mitose, da es für die korrekte Aufteilung der Chromosomen auf die beiden Tochterzellen sorgt: Vor der Mitose – in der Interphase – hat die Verdopplung der DNA und damit die Verdopplung der Chromosomen stattgefunden. Am Centromer sind die Chromosomen als Doppelchromosomen miteinander verbunden. Zu Beginn der Mitose entstehen die Spindelfasern aus dem Cytoskelett. In den folgenden Phasen sind die Doppelchromosomen in der Zellmitte angeordnet. Am Centromer sind sie mit den Spindelfasern verbunden. Mit Hilfe der Spindelfasern werden die Doppelchromosomen getrennt und je eines der identischen Chromosomen gelangt zu einem Pol. Daraus resultieren zwei genau erbgleiche Zellen.

7

Individuelle Lösung.

3 Enzyme beschleunigen biochemische Reaktionen

3.1 Enzyme im Alltag

1

a) Individuelle Lösung.

2

Abbildung 2 zeigt ein Pfeildiagramm zur enzymatischen Gewinnung unterschiedlicher Zucker aus pflanzlicher Stärke. Als Rohstoff dient Stärke aus Mais, Kartoffeln oder Weizen. Aus einem Stärkebrei aus diesen Pflanzen kann ohne Enzyme modifizierte Stärke für Süß- und Backwaren hergestellt werden. Durch den Einsatz bestimmter Enzyme lassen sich durch Stärkeverzuckerung die Zucker Maltose, Glucose und Fructose gewinnen. Im ersten Schritt wird der Stärkebrei durch die Aktivität des Enzyms α-Amylase in einen Maltodextrinsirup umgewandelt. Aus diesem Sirup lassen sich direkt Maltodextrine und Dextrine für die Süß- und Backwarenherstellung verwenden. Wird der Maltodextrinsirup mit den Enzymen α-, und β-Amylase behandelt, entsteht ein Maltosesirup, aus dem der Zucker Maltose isoliert wird. Durch die Enzyme Glucoseamylase und Pullulanase entsteht aus dem Maltodextrinsirup Glucosesirup, aus dem Glucose gewonnen wird. Durch eine enzymatische Weiterbehandlung mit Glucoseisomerase kann aus dem Glucosesirup Fructosesirup entstehen, aus dem der Zucker Fructose gewonnen wird. Maltose kann für Süß- und Backwaren verwendet werden. Glucose und Fructose werden ebenfalls bei der Süß- und Backwarenherstellung, aber auch bei der Getränkeproduktion verwendet.

3

Die Waschaktivität eines enzymfreien Waschmittels ist bei niedrigen Temperaturen (3 °C) sehr gering. Mit steigender Temperatur nimmt sie bis ca. 95 °C kontinuierlich zu. Die Waschaktivität enzymhaltiger Waschmittel ist in einem Temperaturbereich zwischen 20 und 70 °C dargestellt. Sie ist bei 20 °C etwa so hoch wie diejenige enzymfreier Waschmittel bei etwa 50 °C. Proteasen, Amylasen, Cellulasen und Lipasen sorgen dafür, dass bestimmte Verschmutzungen schon bei niedrigen Temperaturen entfernt werden. Bei höheren Temperaturen erhöht sich die Geschwindigkeit der jeweiligen Enzymaktivität nach der RGT-Regel. Bei Erhöhung um 10 °C verdoppelt sich die Enzymaktivität. Bei etwa 50 °C ist die Waschaktivität sehr viel größer als die enzymfreier Waschmittel. Bei weiterer Temperaturerhöhung sinkt die enzymatische Aktivität durch die zunehmende Denaturierung der Enzyme, sie bleibt aber bis zur Inaktivität bei ca. 70 °C höher als die enzymfreier Waschmittel.

4

Nur Wiederkäuer wie Rinder können das in Futterpflanzen in Form von Phytinsäure gebundene Phosphat für den Stoffwechsel nutzen. Dem Futter für andere Tiere wird oft Phosphat in Form von Mineralsalzen zugesetzt. Wird dem Futter das Enzym Phytase zugesetzt, spaltet es Phytinsäure und macht das Phosphat aus den Futterpflanzen für die Tiere verwertbar.

Gülle besteht hauptsächlich aus Urin und Kot landwirtschaftlicher Nutztiere. Die organischen Ausscheidungen der Tiere enthalten in hohem Maße Stoffe, die durch Mikroorganismen abgebaut werden. Dabei entstehen stickstoff- und phosphathaltige Mineralsalze, die als natürliche Dünger verwendet werden. Im Übermaß gelangen diese Stoffe in die Abwässer und können Gewässer oder das Grundwasser mit schädlichen Folgen verunreinigen. Durch den Verzicht auf phosphathaltige Mineralsalze im Futter ist die Gülle ärmer an Phosphat. Grund- und Oberflächengewässer werden durch das Ausbringen der Gülle weniger stark belastet.

3.2 Exkurs: Chemische Bindungen und zwischenmolekulare Kräfte

–

3.3 Biologisch bedeutsame Makromoleküle: Proteine

1

Die Grundbausteine der Enzyme sind 20 verschiedene Aminosäuren, die über Peptidbindungen zu einer langen Polypeptidkette verknüpft sind. Die Menschenkette ist ein Modell für eine Polypeptidkette als Teil eines Proteins, hier eines Enzyms. Jeder einzelne Mensch entspricht einer Aminosäure. In der Abbildung bilden 63 Menschen eine Kette, jeder Mensch ist ein Individuum. In einer Aminosäurekette stehen aber nur 20 Aminosäuren zur Verfügung, die in unterschiedlicher Häufigkeit die Aminosäurekette bilden. Die Menschen halten sich mit ausgestreckten Armen an den Händen und sind so miteinander verbunden. Diese Verbindungen entsprechen den Peptidbindungen. Die Reihenfolge der Menschen entspricht der Aminosäuresequenz, die in den Enzymen die Primärstruktur bildet. Die Sekundärstruktur der Enzyme (Faltblatt- oder Helixstruktur) entsteht durch Wasserstoffbrückenbindungen, die sich zwischen benachbarten Aminosäuren ausbilden. Die Faltblattstruktur wird in der Menschenkette nachgestellt, sie beruht dort aber nicht auf neuen Bindungen. Es kommen stabilere Verknüpfungen zwischen Menschen vor, die in einer geraden, unverzweigten Kette weiter auseinander stehen würden. Dadurch wird die Tertiärstruktur nachgestellt, die in den Enzymen durch van-der-Waals-Kräfte, Disulfidbrücken, oder Ionenbindungen zwischen entfernten Aminosäuren entstehen.

2

Alle Aminosäuren haben einen ähnlichen Aufbau, der in Abb. 2a gezeigt ist: Ein zentrales C – Atom besitzt vier Bindungspartner: ein Wasserstoffatom, eine Aminogruppe, eine Carboxylgruppe sowie einen Rest. Dieser Aminosäurerest ist bei den verschiedenen Aminosäuren unterschiedlich und macht ihre Verschiedenartigkeit aus. Serin und Cystein haben sehr kleine Aminosäure-Reste, $-CH_2-OH$ bzw. $-CH_2-SH$. Lysin hat dagegen einen langen Rest: $-CH_2-CH_2-CH_2-CH_2-NH_2$. Valin hat einen reinen Alkylrest ($-CH(Cl_3)_2$). Asparaginsäure besitzt einen Carbonsäurerest: $-CH_2-COOH$. Über Peptidbindungen zwischen Amino- und Carboxylgruppe können Aminosäuren verknüpft werden (Abb. 2b).

3

Bei der Bildung einer Peptidbindung wird die Aminogruppe der einen Aminosäure der Carboxylgruppe der anderen Aminosäure verknüpft, wobei Wasser (H_2O) abgespalten wird; es entsteht ein Dipeptid mit einer Elektronenpaarbindung zwischen dem C der ehemaligen Carboxylgruppe und dem N der ehemaligen Aminogruppe.

4

a) Liegt in einem Molekül eine polare Elektronenpaarbindung zu einem Wasserstoffatom vor und ein weiteres Molekül mit Sauerstoffatomen oder Stickstoffatomen kommt dazu, können sich Wasserstoffbrückenbindungen ausbilden. Bilden sich diese in einer Polypeptidkette zwischen nahe gelegenen Aminosäuren, entsteht eine Faltblatt- oder Helixstruktur als Sekundärstruktur des Proteins. Durch weitere Bindungsarten zwischen bestimmten Seitenketten von Aminosäuren entsteht die Tertiärstruktur. Liegen sich unpolare Gruppen gegenüber, wirken van-der-Waals-Kräfte, zwischen Aminogruppe und Carboxylgruppe können Ionenbindungen entstehen und zwei SH-Gruppen bilden zusammen eine sehr stabile Disulfidbrücke aus. Alle Bindungstypen existieren innerhalb eines einzelnen Proteinmoleküls.

b) Hypothese 1: „Thermostabile Proteine haben einen hohen Anteil an der Aminosäure Cystein (Cys)". Zwischen den SH-Gruppen von zwei gegenüberliegenden Cysteinmolekülen können sich Disulfidbrücken bilden. Dabei handelt es sich um Elektronenpaarbindungen, welche durch ihre relative Stärke die Hitzebeständigkeit plausibel begründen können.

Hypothese 2: „Proteine haben einen hohen Anteil an der Aminosäure Valin (Val)". Zwischen den unpolaren $-CH_3$ – Gruppen gegenüberliegender Valinmoleküle wirken van-der-Waals-Kräfte. Diese sind deutlich schwächer als Elektronenpaarbindungen, sodass diese durch Hitze getrennt werden können. Diese Hypothese erscheint daher nicht plausibel.

3.4 Die Vielfalt der Proteine

–

3.5 Enzyme als Biokatalysatoren

1

Enzyme sind Biokatalysatoren, die chemische Prozesse ermöglichen oder beschleunigen, indem sie die zur Reaktion nötige Aktivierungsenergie herabsetzen. Enzyme gehen unverändert aus der Reaktion hervor. Enzyme setzen nur bestimmte Substrate um (Substratspezifität), und haben bestimmte Funktionen (Reaktionsspezifität).

2

a) Dargestellt ist eine Landschaft mit zwei Häusern, die durch einen hohen Berg getrennt sind. Es gibt zwei Verbindungswege für Menschen zwischen den Häusern, einen über den hohen Berg und einen anderen durch einen Tunnel, wobei dieser durch eine Tür („E") versperrt ist.

b) Die Bewegung des Menschen vom Haus links zum tiefer gelegenen Haus rechts entspricht dem Reaktionsverlauf. Die Reaktion/Bewegung ist prinzipiell auch ohne Enzym (Tür im Tunnel) möglich, allerdings verläuft sie langsam (langer, anstrengender Weg über den Berg). Schneller und leichter ist die Reaktion möglich, wenn ein Enzym sie vermittelt, entsprechend zum kürzeren Weg des Menschen durch den Tunnel, der allerdings nur bei geöffneter Tür („E"=Enzym) möglich ist. Der zunächst nötige Aufstieg ist beim Weg durch den Tunnel viel geringer als über den Berg, was die durch Enzyme verringerte Aktivierungsenergie für Reaktionen verdeutlicht.

c) Hier sind viele alternative Modelle möglich. Zum Beispiel kann als Modell für eine Reaktion ein Gummiband zerrissen werden. Das kann erleichtert werden, wenn man das gespannte Gummiband über eine Rasierklinge (Modell für ein Enzym) führt.

3

Oxidoreduktase: vermittelt eine Redox-Reaktion: ein Substrat wird oxidiert während ein anderes Substrat reduziert wird.

Transferase: überträgt Molekülbestandteile von einem Molekül auf ein anderes.

Hydrolase: spaltet ein Substrat durch Anlagerung von Wasser in zwei Produkte (-OH an ein Produkt, -H an das andere Produkt).

Lyase: spaltet ein Substrat in zwei Produkte.

Isomerase: verändert die räumliche Struktur eines Moleküls durch Änderung der Verknüpfung der Molekülbestandteile.

Ligase: verknüpft zwei Moleküle (Substrate) zu einem Molekül (Produkt).

4

Die in der Muschelschale enthaltenen Proteine sind Enzyme, die die Reaktion der Calciumsalze mit anderen Verbindungen zu Perlmutt vermitteln. Die Enzyme setzen die notwendige Aktivierungsenergie herab, sodass die Reaktion auch bei niedrigen Temperaturen stattfinden kann. Bei der Keramikherstellung sind dagegen aufgrund der fehlenden Enzyme sehr hohe Temperaturen notwendig, um die Reaktion ablaufen zu lassen.

3.6 Der Mechanismus der Enzymwirkung – das Schlüssel-Schloss-Prinzip

1

a) und **b)** Individuelle Lösungen.

c) Aspekte, die durch die Modelle veranschaulicht werden können, sind:
- Substratspezifität
- unverändertes Hervorgehen der Enzyme aus der Reaktion
- Wirkungsspezifität

Ein Aspekt, der durch die Modelle möglicherweise nicht veranschaulicht werden kann, ist das Herabsetzen der Aktivierungsenergie.

Der grundsätzliche Ablauf der Enzymreaktionen ist gleich: Zunächst liegen Enzym und Substrat einzeln vor, dann bildet sich nach dem Schlüssel-Schloss-Prinzip der Enzym-Substrat-Komplex, die Reaktion läuft ab, es entsteht der Enzym-Produkt-Komplex und die Produkte werden freigesetzt; das Enzym bleibt unverändert. Unterschiede zeigen sich in der Art der ablaufenden Reaktion: von einem Enzym wird ein Substrat gespalten und es entstehen zwei Produkte, von einem anderen Enzym werden zwei Substrate zu einem Produkt verknüpft.

2

a) In den Versuchsansätzen a und c hat sich ein rotbrauner Niederschlag gebildet, im Ansatz b nicht. Mit Fehling-Lösung können Zucker nachgewiesen werden. In a und c hat das Enzym Amylase Stärke in Maltose gespalten, das Vorhandensein des Zuckers wird durch die Fehling-Lösung nachgewiesen. In b sind keine Zucker entstanden (keine Rotfärbung), das Molekül lnulin ist kein Substrat der Amylase und kann daher nicht durch sie umgesetzt werden, es liegt unverändert vor.

b) Der Vorversuch ist notwendig, um die Wirkung des Enzyms Amylase sicher zu untersuchen. Stärke und lnulin ergeben mit Fehling-Lösung selbst keinen roten Niederschlag. Die Bildung des roten Niederschlages ist somit eindeutig auf die Wirkung der Amylase zurückzuführen.

c) Saccharase ist ein Enzym, das Saccharose zu Fructose und Glucose zersetzt (siehe Abb. 2). Weder Stärke noch lnulin sind passende Substrate für die Saccharase, das Enzym hat daher keine Wirkung. Es findet keine Zersetzung in Zucker statt und der Nachweis mit der Fehling Probe ist negativ (keine Rotfärbung).

3

Das Enzym Penicillinase wirkt substratspezifisch. Das Substrat Penicillin entspricht der schwarz abgebildeten Struktur in Abbildung 4. Dieses Substrat passt nach dem Schlüssel-Schloss-Prinzip exakt in das aktive Zentrum des Enzyms Penicillinase. Penicillin wird durch dieses Enzym so verändert, dass es unwirksam ist.

Beim Penicillin G ist das Substratmolekül durch Einbau eines ringförmigen Molekülteils (roter Molekülteil in Abbildung 4) in der räumlichen Struktur derart verändert, dass es nicht mehr in das aktive Zentrum des Penicillinasemoleküls passt. Das Enzym kann keine Reaktion katalysieren und das Substratmolekül behält seine räumliche Struktur, in der der ursprüngliche Penicillinteil noch erhalten ist. Dadurch bleibt das Molekül wirksam, das Bakterium stirbt ab.

4

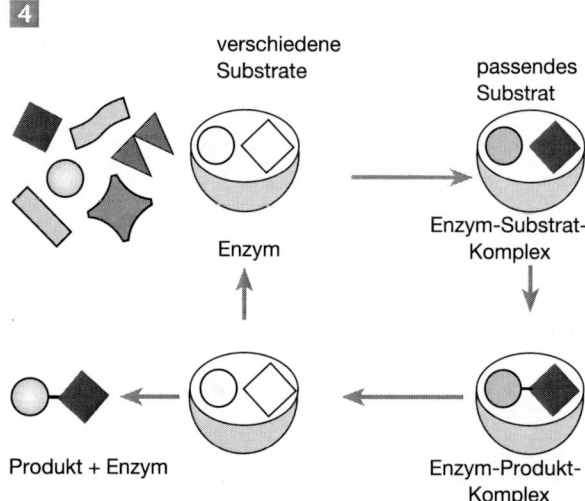

verschiedene Substrate

passendes Substrat

Enzym

Enzym-Substrat-Komplex

Produkt + Enzym

Enzym-Produkt-Komplex

Vor der Reaktion liegen verschiedene Substratmoleküle und ein spezifisches Enzymmolekül vor. Die Substratmoleküle unterscheiden sich in ihrer räumlichen Struktur. In das aktive Zentrum des Enzymmoleküls passen zwei Substratmoleküle: ein quadratisches (würfelförmiges) und ein kreisförmiges (kugeliges). Diese passenden Substratmoleküle werden gebunden, ein Enzym-Substrat-Komplex entsteht. Nach Ausbildung einer Elektronenpaarbindung zwischen den beiden Substratmolekülen liegt ein Enzym-Produkt-Komplex vor. Am Ende der Enzymreaktion liegen das Produkt und das Enzym voneinander getrennt vor.

3.7 Enzyme: Reaktionsgeschwindigkeit und Substratkonzentration

1

a) Situation a: Es sind nur wenige Kunden an der Kasse. Sie werden sofort bedient, die meisten Kassenstationen haben keine Kunden.
Situation b: Einige Kassenstationen haben keine Kunden. Da aber mehr Kunden als in a vorhanden sind, werden in der gleichen Zeit auch mehr Kunden abgefertigt.

Situation c: Vor allen Kassenstationen hat sich eine Schlange gebildet. An allen Stationen wird mit maximaler Geschwindigkeit gearbeitet. Die Zahl der abgefertigten Kunden ist nur von der Zahl der Kassenstationen abhängig, nicht aber von der Kundenzahl.
b) Situation a entspricht der Reaktionsgeschwindigkeit bei kleiner Substratkonzentration. Es sind nicht alle Enzyme

ausgelastet. Situation b entspricht einer höheren Substratkonzentration, die Geschwindigkeit ist höher. Es sind aber nicht alle Enzyme ausgelastet. Die Situation entspricht einer Substratkonzentration etwas über dem KM-Wert. Situation c entspricht einer sehr hohen Substratkonzentration. Alle Enzyme sind voll ausgelastet. Die Reaktion läuft mit Maximalgeschwindigkeit und die umgesetzte Substratmenge ist abhängig von der Wechselzahl.

c) Halbsättigung der Enzyme: Die Hälfte der Kassenstationen ist mit Kunden besetzt.

Reaktionsgeschwindigkeit: Zahl der abgefertigten Kunden pro Zeiteinheit.

Maximalgeschwindigkeit: Alle Kassenstationen sind von Kunden besetzt und arbeiten auf Hochtouren.

KM-Wert: Die Hälfte der Kassenstationen ist mit Kunden belegt.

Wechselzahl: Anzahl der abgefertigten Kunden einer Kassenstation pro Zeiteinheit.

d) Da alle Enzyme bei der hohen Substratkonzentration sofort nach einer Reaktion wieder von einem neuen Substratmolekül besetzt werden, spielt es praktisch keine Rolle, wenn die Substratkonzentration weiter erhöht wird. Die einzelnen Enzymmoleküle können dadurch nicht schneller arbeiten.

e) Bei einer hohen Affinität zwischen Enzym und Substrat wird die Bindung zwischen den Molekülen schneller geknüpft. Zusammenstöße zwischen dem Enzym und dem Substrat führen häufiger zu einer erfolgreichen Bindung als bei einer geringeren Affinität. Dadurch steigt die Reaktionsgeschwindigkeit bei hoher Affinität schneller an, was zu einer kleineren Michaelis-Konstante führt.

Im Supermarktmodell heißt das, dass die Kunden an der Kassenstation schneller ihren Einkaufskorbinhalt auf das Band legen und daher schneller fertig werden. Es können also mehr Kunden in der gleichen Zeit bedient werden als bei langsamerer Abfertigung.

2

Beschreibung: In dem Liniendiagramm werden die Konzentrationsänderungen von Substrat, Enzym-Substrat-Komplex und freiem Enzym über einen bestimmten Zeitraum miteinander verglichen. Zu Versuchsbeginn ist die Substratkonzentration sehr hoch. Die Konzentration freier Enzyme liegt in einem niedrigeren Bereich, Enzym-Substrat-Komplexe sind noch nicht vorhanden. Im zeitlichen Verlauf sinkt die Konzentration der freien Enzyme im selben Maße, wie die Konzentration der Enzym-Substrat-Komplexe steigt. Die hohe Konzentration der Substratmoleküle sinkt während dieser Zeit leicht.

Nach einer bestimmten Zeit verändern sich die Konzentrationen von freien Enzymen und Enzym-Substrat-Komplexen nicht mehr. Die Konzentration der Enzym-Substrat-Komplexe liegt dabei über der der freien Enzyme. Bei Erreichen dieses Gleichgewichts sinkt die Substratkonzentration etwas schneller und nimmt bis zum Versuchsende kontinuierlich ab.

Erläuterung: Mit Versuchsbeginn sinken die Konzentrationen der freien Enzyme und die der Substrate. Aus ihnen entstehen relativ schnell Enzym-Substrat-Komplexe, deren Konzentration entsprechend steigt. Nach Abspaltung des Produktes bindet jedes Enzym wieder ein neues Substratmolekül, ein Gleichgewichtszustand ist durch Substratsättigung erreicht. Die Konzentrationen von Enzymen und Enzymsubstratkomplexen ändern sich in der Summe nicht. Da ständig Substratmoleküle umgesetzt werden, sinkt deren Konzentration kontinuierlich. Die Abbildung enthält keine Angaben über die Konzentration der Produkte, die in dem Maße zunähme, wie die Substratkonzentration sinkt.

3

a)

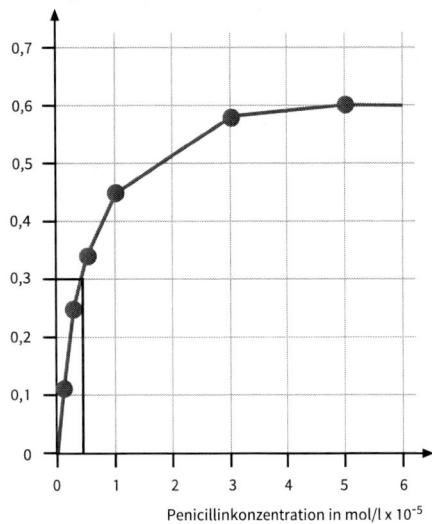

Reaktiongeschwindigkeit

Penicillinkonzentration in mol/l x 10^{-5}

$K_M = 0{,}4 \cdot 10^{-5}$ mol/l
$V_{max} = 0{,}6 \cdot 10^{-9}$ mol $\cdot$ sec^{-1}

b) Die Wechselzahl wird bestimmt, indem man die gespaltenen Penicillinmoleküle pro Sekunde bei Maximalgeschwindigkeit durch die Anzahl der Enzymmoleküle dividiert.

Die Wechselzahl der Penicillinase beträgt 1764 (Rechnung: $0{,}6 \cdot 10^{-9} \cdot s^{-1} / 3{,}4 \cdot 10^{-13}$). Sie liegt, verglichen mit Abb. 3, in einem mittleren Bereich.

3.8 Die Temperaturabhängigkeit der Enzymwirkung

1

a) Fünf Reagenzgläser mit Kartoffelwürfeln in jeweils 10 ml einer Lösung von Brenzkatechin als Phenolkomponente werden während der Versuchsdauer von 10 Minuten unterschiedlichen Temperaturen ausgesetzt:
- 10 °C: schwache Bräunung
- 20 °C: stärkere Bräunung
- 30 °C: starke Bräunung
- 40 °C: starke Bräunung
- 50 °C: schwache Bräunung

Bei 10 °C bewegen sich die Moleküle nur langsam. Substrat- und Enzymmoleküle treffen nur selten zusammen, die Reaktionsgeschwindigkeit ist gering. Im Versuchszeitraum von 10 Minuten entstehen nur wenige Farbstoffmoleküle, die Bräunung ist schwach.

Bei 20 °C ist die Temperatur um 10 °C gestiegen. Substrat- und Enzymmoleküle treffen häufiger zusammen. Nach der RGT-Regel verdoppelt sich die Reaktionsgeschwindigkeit. Es bilden sich entsprechend mehr Farbstoffmoleküle, eine stärkere Bräunung tritt ein.

Bei 30 °C verdoppelt sich die Reaktionsgeschwindigkeit erneut und verursacht eine starke Bräunung.

Bei 40 °C nimmt die Reaktionsgeschwindigkeit zwar erneut deutlich zu, die Intensität der Braunfärbung bleibt aber so wie im Versuch bei 30 °C. Die Geschwindigkeit der enzymatischen Reaktion ist bei 30 °C im Optimum, alle Enzyme sind im Zustand der Substratsättigung ausgelastet.

Bei 50 °C setzt die Enzymdenaturierung ein, sodass weniger Enzymmoleküle die Reaktion katalysieren. Die Intensität der Braunfärbung liegt zwischen den Farbtönen bei 10 °C und 20 °C.

b) Im rechten Reagenzglas befindet sich ein Kartoffelstück in Wasser ohne Brenzkatechin als Phenolkomponente. Die Temperatur von 40 °C entspricht annähernd dem Optimum, es fehlt aber das Substrat. Die Reaktion kann daher nicht ablaufen, eine Braunfärbung fehlt. Dieser Versuch dient der Kontrolle. Er zeigt, dass in dieser Versuchsreihe eine Bräunung nicht ohne Brenzkatechin als Phenolkomponente auftreten kann. Ein Kontrollversuch ist als Teil einer Versuchsreihe immer erforderlich.

2

Die Abbildung zeigt die Temperaturabhängigkeit der Enzymaktivität von Enzymen unterschiedlicher Lebewesen. Die Temperaturoptima liegen bei: blaue Kurve: ca. 5 °C, grüne Kurve: ca. 37 °C, orange Kurve: ca. 95 °C. Die Temperaturoptima der Enzyme entsprechen den Temperaturen, die im Lebensraum der Lebewesen herrschen und lassen sich daher den Organismen klar zuordnen: blau – Shrimp aus Alaska (sehr kalte Umgebung), grün – Schwein (gleichwarmer Organismus mit einer Körpertemperatur um 37 °C), orange – Bakterium aus heißer Quelle (extrem heiße Umgebung).

3

a) Individuelle Lösung, z. B. wie in Abb. 3, Enzymatische Bräunung im Experiment.
b) Individuelle Lösung.

4

Der Molische Todesring ist ein Beispiel für die „Enzymatische Bräunung" in der Natur. In den Zellen vieler Pflanzen befindet sich das Enzym Phenoloxidase. Dieses Enzym wird bei Beschädigung der Zellen – hier infolge der Hitzeeinwirkung – freigesetzt und wandelt farblose Phenole in braune Chinone um. Diese Chinone wirken antibakteriell und schützen so das verletzte Pflanzengewebe.

3.9 pH-Abhängigkeit der Enzymwirkung

1

a) Beobachtungen:

pH = 4: Die Gelatine behält ihre rote Färbung, die Flüssigkeit im Reagenzglas bleibt klar.

pH = 6: Die Gelatine verliert ihre spiralige Struktur und befindet sich unförmig im unteren Bereich des Reagenzglases. Die Flüssigkeit im Reagenzglas ist deutlich rot gefärbt.

pH = 8: Die Gelatine befindet sich noch unförmiger im unteren Bereich des Reagenzglases. Die Flüssigkeit im Reagenzglas ist intensiver rot gefärbt.

pH = 10: Die Gelatine behält weitgehend ihre Struktur und die rote Färbung, die Flüssigkeit im Reagenzglas ist schwach rot gefärbt.

Deutung:

– Bei dem pH-Wert 4 befindet sich das Enzym Trypsin in einer sauren Umgebung. Das Enzym wird denaturiert und verliert durch Änderung der räumlichen Struktur seine Funktion nach dem Schlüssel-Schloss-Prinzip. Die Gelatine, die aus Proteinen besteht, wird nicht enzymatisch gespalten, sie behält Form und Farbe.

– Beim pH-Wert 6 behält das Enzym in einer schwach sauren Umgebung seine Funktion. Die Proteine werden teilweise gespalten, die Gelatine verliert ihre spiralige Form und der Farbstoff färbt die Lösung im RG rot.

– Der pH-Wert 8 ermöglicht die optimale Reaktion. In diesem alkalischen Bereich erfolgt die enzymatische Proteinspaltung sehr effektiv, die Gelatine wird zunehmend zersetzt und die Umgebung ist intensiv rot gefärbt.

– In dem stärker alkalischen Bereich bei pH-Wert 10 nimmt die Aktivität des Enzyms ab. Die Rotfärbung ist schwächer, aber immer noch gut sichtbar.

b) Trypsin ist ein Enzym, das im menschlichen Dünndarm im alkalischen Milieu vorkommt und dort Proteine bis hin zu den Aminosäuren spaltet. Das pH-Optimum von Trypsin liegt in der Versuchsreihe bei pH = 8, in Abbildung 1 bei pH = 9. Durch diese Angepasstheit arbeitet das Enzym in seiner natürlichen Umgebung mit größtmöglicher Geschwindigkeit.

c) Kontrollversuche dienen dazu, Störfaktoren auszuschließen, die das Versuchsergebnis verfälscht haben könnten. Falls Gelatine bei pH-Werten von z. B. 6 bis 9 nicht stabil ist, könnte dies das Versuchsergebnis verfälschen. Die Vermutung ist allerdings sehr unwahrscheinlich, da Gelatine ein Protein ist und Proteine in ihrer natürlichen Umgebung fast immer in einem solchen pH-Bereich vorkommen. Zur Kontrolle könnte man den Versuch ohne die Zugabe von Trypsin wiederholen, also

Gelatine ohne Trypsin in Lösungen mit den pH-Werten 4, 6, 8 und 10 geben. Wenn der pH-Wert keinen Einfluss auf die Stabilität der Gelatine hat, müssten alle Reagenzgläser des Kontrollversuches unverändert bleiben.

d) Es gelten die gleichen Kritikpunkte wie in c). Die Versuchsreihen entsprechen sich, da in beiden Fällen die jeweils eingesetzten Konzentrationen des Enzyms und des Substrates konstant bleiben. Die einzige Variable ist der jeweilig untersuchte pH-Wert.

e) Individuelle Lösung.

2

Die Aktivitätskurve von Chymotrypsin zeigt ein deutliches Maximum knapp unter pH = 8. Das stimmt mit den Ergebnissen für Trypsin aus dem Experiment in Abbildung 3 gut überein. Auch Trypsin arbeitet in diesem pH-Bereich optimal.

Cholinesterase ist ein Enzym, das bei pH-Werten über 7 im Optimum arbeitet (zumindest bis pH = 10), darunter – mit abnehmendem pH-Wert – wird seine Aktivität immer geringer. Im Vergleich mit den Ergebnissen aus Abbildung 3 zeigt Cholinesterase zwar ebenfalls einen Anstieg der Aktivität mit zunehmendem pH-Wert, ist aber gegenüber höheren pH-Werten offenbar unempfindlich und bleibt unverändert aktiv.

Demgegenüber ist das Enzym Pepsin an eine stark saure Umgebung angepasst. Die Aktivität fällt bereits ab pH = 2 ab. Bei pH-Werten über 6, wo Trypsin und Chymotrypsin gerade erst aktiv werden, arbeitet es gar nicht mehr.

Die Aktivität von Papain zeigt mit zunehmendem pH-Wert weder einen Anstieg, noch einen Abfall der Aktivität. Sie ist im pH-Bereich von 4 bis 9 immer gleich. Papain ist offenbar in diesem Bereich nicht vom pH-Wert abhängig. Über die Aktivität von Papain unter pH = 4 und über pH = 8,5 gibt die Abbildung keine Auskunft.

3

Im Sauren überwiegen im Enzym positive Ladungen (pH = 4, blau), im Alkalischen zeigen sich mehr überschüssige negative Ladungen (pH = 10, rot). Die Unterschiede gehen darauf zurück, dass im sauren Milieu hohe Konzentrationen an H_3O^+-Ionen vorliegen und H^+-Ionen an die Polypeptidkette des Enzyms angelagert werden (Überschuss an positiven Ladungen, blaue Markierung). In alkalischen Lösungen herrscht dagegen ein Überschuss an OH^--Ionen, welche Protonen von der Polypeptidkette abspalten (Überschuss an negativen Ladungen, rote Markierung).

3.10 Hemmungen und Aktivierung der Enzymaktivität

Die Situationen an der Kasse sind Modelle für die Hemmung einer enzymatischen Reaktion. Die Kunden an der Kasse entsprechen Substratmolekülen, die Kassiererin einem passenden Enzym. Da ein Enzym substratspezifisch wirkt, müsste jeder Kunde die gleichen Eigenschaften aufweisen (Menge des Einkaufs, sofortige Bezahlung). Unter diesen Bedingungen könnten die Kunden mit konstanter Geschwindigkeit die Kasse passieren.

Abbildung a zeigt ein Modell für die kompetitive Enzymhemmung. Bei einer kompetitiven Enzymhemmung besetzt ein Molekül, das den Substratmolekülen in der Struktur ähnelt, als Hemmstoff kurzfristig den Platz am aktiven Zentrum des Enzyms. Die entsprechenden Reaktionen laufen langsamer ab. Dieser Vorgang ist reversibel.

In dem Modell hemmt ein besonderer Kunde den kontinuierlichen Ablauf an der Kasse. Dieser Kunde unterscheidet sich von den anderen Kunden nur minimal, ihm fehlt das Geld zum Bezahlen. Er besetzt kurzzeitig den Platz an der Kasse, der normale Ablauf ist unterbrochen. Es ist davon auszugehen, dass dieser Kunde den Platz an der Kasse relativ schnell wieder freigegeben wird, sodass der normale Ablauf nach dieser Verzögerung weiter gehen kann. Dabei verlässt der Kunde ohne Geld den Platz an der Kasse unverändert, er hat keinen Einkauf getätigt.

Abbildung b zeigt ein Modell für die allosterische Enzymhemmung. Bei einer allosterischen Enzymhemmung bindet der Hemmstoff nicht am aktiven Zentrum des Enzymmoleküls, sondern an einer anderen Stelle. Dadurch verändert sich die räumliche Struktur des Enzyms so, dass es kein Substrat mehr binden kann. Im diesem Modell hemmt ebenfalls ein besonderer Kunde den kontinuierlichen Ablauf an der Kasse. Dieser unterscheidet sich deutlich von den anderen Kunden und stört die Kassiererin nicht am Ort des normalen Ablaufes des Kassiervorganges, sondern an anderer Stelle. Der normale Ablauf wird gehemmt. Auch bei diesem Modell ist davon auszugehen, dass dieser Kunde den Platz an der Kasse nach einiger Zeit wieder freigeben wird. Der normale Ablauf kann nach dieser Verzögerung weitergehen. Dabei verlässt der Kunde den Platz an der Kasse unverändert, auch er hat keinen Einkauf getätigt.

a)
- Die erste Aussage trifft auf eine kompetitive Hemmung zu, da durch eine hohe Substratkonzentration die Hemmung infolge der Konkurrenzsituation nahezu aufgehoben wird. Die Wahrscheinlichkeit, dass ein Substratmolekül an das Enzym bindet, ist durch die sehr hohe Substratkonzentration sehr viel größer als eine Bindung des Hemmstoffes an das Substrat.
- Die zweite Aussage trifft auf eine allosterische Hemmung zu. Allosterische Hemmstoffe reduzieren die Geschwindigkeit der enzymkatalysierten Reaktion. Dabei bleibt der KM-Wert jedoch gleich.
- Die dritte Aussage trifft auf eine allosterische Hemmung zu. Durch den Hemmstoff können weniger Enzyme eine Bindung mit dem Substrat eingehen, unabhängig von der Substratkonzentration. Eine Maximalgeschwindigkeit kann daher nicht erreicht werden. Die Aussage trifft auch auf eine Enzymvergiftung zu.

b) Graph a stellt eine allosterische Hemmung dar, bei der nicht alle Enzymmoleküle gehemmt sind. Solange noch nicht gehemmte Enzymmoleküle frei sind, steigt die Reaktionsgeschwindigkeit mit zunehmender Substratkonzentration an. Arbeiten alle nicht gehemmten Enzymmoleküle mit Maximalgeschwindigkeit, ist die „Sättigung" erreicht. Graph b stellt eine kompetitive Hemmung dar. Mit steigender Substratkonzentration steigt die Wahrscheinlichkeit, dass ein Substrat und nicht der Hemmstoff an das Enzym bindet. Die Geschwindigkeit nimmt daher zu, bis nahezu die Maximalgeschwindigkeit für das Enzym erreicht ist.

a) Vor der Urease-Zugabe findet keine Reaktion statt, die Leitfähigkeit bleibt konstant. Nach Zugabe von Urease wird durch die Enzymtätigkeit der Harnstoff zersetzt. Es bilden sich dabei Ionen, die die Leitfähigkeit erhöhen. Mit zunehmender Zeit nimmt daher die Leitfähigkeit zu, weil immer mehr Ionen entstehen. Zum Zeitpunkt 2 wird Silbernitrat zugesetzt. Silbernitrat ist ein Salz, das in Lösung in Ionen zerfällt. Die Leitfähigkeit steigt also rapide an. Danach bleibt sie konstant, das Enzym bildet also keine weiteren Ionen durch die Umsetzung von Harnstoff. Das Enzym wurde durch Silberionen irreversibel gehemmt.

b) Gibt man zum Zeitpunkt 1 Silbernitrat zu, erhöht sich schlagartig die Leitfähigkeit durch die Silber- und Nitrationen. Danach ändert sich die Leitfähigkeit nicht mehr, auch nicht durch Zugabe der Urease, die ja sofort bei der Zugabe von den Silberionen gehemmt wird. Da es sich hier um Metallionen handelt, kann man davon ausgehen, dass diese Hemmung irreversibel ist.

3.11 Einsatz von Enzymen in biologisch-technischen Zusammenhängen

1

a) Die Innovationen betreffen drei Bereiche der Waschmittelanwendung. In allen Bereichen führten sie zur Schonung von Ressourcen. So sanken der Waschmitteleinsatz pro Waschgang von 1978 bis 2008 um ca. zwei Drittel, der Wasserbedarf und damit auch das Abwasseraufkommen um drei Viertel und der Energieaufwand um ca. 60 %. Der Waschmitteleinsatz pro Waschgang konnte durch effektivere Waschmittel erreicht werden. Ein wichtiger Beitrag dazu sind Enzyme im Waschmittel. Durch den Einsatz der Enzyme werden bestimmte Verunreinigungen mit weniger Wasser und bei geringeren Temperaturen entfernt. Dies führt zu geringerem Abwasseraufkommen und geringerem Energieeinsatz. Lief 1972 noch der größte Teil der Waschgänge bei 90 °C, so stellen diese Waschgänge 2008 den kleinsten Anteil. Zudem wurde es durch den Einsatz von Enzymen möglich, den pH-Wert der Waschlauge zu senken, was Umwelt und Textilfasern schont.
b) Individuelle Lösung.

2

a) Individuelle Lösung, darin z. B.: reduziertes Abwasseraufkommen, reduzierter Energieverbrauch durch geringe Temperatur, damit auch weniger CO_2-Ausstoß und weniger Umweltbelastung, Allergierisiko, höhere Keimbelastung, ...
b) Individuelle Lösung.

3

a) Das Gummibärchen löst sich nur im Reagenzglas mit Waschmittel, das Proteasen enthält, auf. Die Proteasen haben die Proteine der Gelatine über Nacht zersetzt.
b) Das gefärbte Öl ist im Reagenzglas mit Waschmittel, das Lipasen enthält, nicht mehr sichtbar. Die Lipasen haben das Fett über Nacht zersetzt.
c) Im Reagenzglas 1 ist eine braune Lösung entstanden. Im Vergleich zu Reagenzglas 1 ist im Glas 2 mit Vollwaschmittel (Cellulasen) die Zwiebelschale z. T. aufgelöst, außerdem hat sich die Lösung entfärbt. Das Vollwaschmittel hat also auch bleichende Wirkung, es enthält Bleichmittel. Im Reagenzglas 3 ist die Zwiebelschale ebenfalls teilweise aufgelöst und zusätzlich hat sich die Lösung stark braun gefärbt. Das Color-Waschmittel enthält offenbar ebenfalls Cellulasen, denn die Zellstruktur wird angegriffen. So erklärt sich auch die starke Freisetzung von Farbstoffen. Das Color-Waschmittel enthält aber keine Bleichmittel, sodass sich die Lösung nicht entfärbt. Im Reagenzglas 4 mit cellulasefreiem Waschmittel hat keine Zersetzung der Zwiebelschale stattgefunden, der Ansatz ähnelt Reagenzglas 1 (ohne Waschmittel).

1

a) Individuelle Lösung.

b) Enzyme sind *Proteine,* also Peptide, die durch spezifische Faltung und Anordnung ihrer Teilstränge eine definierte Tertiärstruktur haben. Sie sind substratspezifisch, d. h. sie haben ein aktives Zentrum, in das nach dem *Schlüssel-Schloss-Prinzip* (fast) nur das Substrat passt. Sie sind auch wirkungsspezifisch, denn das Substrat wird immer in derselben Art und Weise verändert. Enzyme fungieren als Biokatalysatoren, d. h. sie setzen die *Aktivierungsenergie* herab, die für die katalysierte Reaktion benötigt wird. Ihre Aktivität ist abhängig von Faktoren wie *Temperatur* und *pH-Wert* und vom Vorhandensein von Hemmstoffen. Unterschiedliche Enzyme haben unterschiedliche *Temperatur- oder pH-Optima.* Ihre maximale *Reaktionsgeschwindigkeit* ermittelt man mit einer Sättigungskurve. Ein Maß für die Umsatzleistung ist die *Wechselzahl.* Sie beschreibt, wie viele Substratmoleküle in einer Sekunde von einem Enzymmolekül umgesetzt werden. Die Umsatzleistung wird durch *kompetitive Hemmung* verringert, wenn substratähnliche Moleküle vorhanden sind, die zwar in das aktive Zentrum passen, aber nicht in der vorgesehenen Weise prozessiert werden können. Eine andere Art der Hemmung ist die *allosterische Hemmung,* bei der ein anders aufgebauter Stoff am Enzym andockt, und zwar an einer anderen Stelle als der, in die das Substrat passt, und das Enzym so modifiziert, dass es seine Funktion verliert. Ein Beispiel ist die Endprodukthemmung, bei der das Endprodukt eines Stoffwechselweges seine weitere Produktion verlangsamt. PH-Abhängigkeit und kompetitive bzw. allosterische Hemmung sind wichtige Stellschrauben, mit denen die Aktivität der verschiedenen Enzyme im Stoffwechsel – z. B. bei der Verdauung – geregelt wird.

2

Abbildung 2 zeigt eine Landschaft mit zwei Häusern, die durch einen hohen Berg getrennt sind. Es gibt zwei Verbindungswege für Menschen zwischen den Häusern, einen über den hohen Berg und einen anderen durch einen Tunnel, wobei dieser durch eine Tür („E") versperrt ist. Die Bewegung des Menschen vom Haus links zum tiefer gelegenen Haus rechts entspricht dem Reaktionsverlauf. Die Reaktion/Bewegung ist prinzipiell auch ohne Enzym (Tür im Tunnel) möglich, allerdings verläuft sie langsam (langer, anstrengender Weg über den Berg).

Schneller und leichter ist die Reaktion möglich, wenn ein Enzym sie vermittelt, entsprechend zum kürzeren Weg des Menschen durch den Tunnel, der allerdings nur bei geöffneter Tür („E" = Enzym) möglich ist. Der zunächst nötige Aufstieg ist beim Weg durch den Tunnel viel geringer als über den Berg, was die durch Enzyme verringerte Aktivierungsenergie für Reaktionen verdeutlicht. Die Eigenschaft der Enzyme, die für biochemische Reaktionen notwendige Aktivierungsenergie herabzusetzen, ermöglicht erst deren Ablauf bei Körpertemperatur und unter weiteren physiologischen Bedingungen.

3

Enzym-Substrat-Komplex
Das Enzym Saccharase bindet nach dem
Schlüssel-Schloss-Prinzip substratspezifisch ein
Saccharosemolekül.
Die Bindung erfolgt am aktiven Zentrum des Moleküls
durch Ausbildung zwischenmolekularer Kräfte.

↓

Enzym-Produkt-Komplex
Noch während der Bindung an das Enzym wird das
Substratmolekül im aktiven Zentrum verändert.
Im Saccharosemolekül wird die Bindung zwischen
Glucose und Fructose gelöst.
Glucose und Fructose bleiben an das Enzym gebunden.

↓

Produkte werden freigesetzt
Die katalytische Spaltung des Substratmoleküls
Saccharose durch das Enzym Saccharase ist erfolgt.
Die Produkte Glucose und Fructose werden freigesetzt.
Das Enzymmolekül liegt frei vor.

↓

Enzym und Substrat
Das Enzym ist unverändert aus der Reaktion hervorgegangen und kann weitere Reaktionszyklen durchlaufen.

4

Individuelle Lösung, z. B. wie in Kapitel 3.7, Abbildung 1.

5

Beschreibung: In Abbildung 4 werden die Konzentrationsänderungen von Substrat, Enzym-Substrat-Komplex, freiem Enzym und Produkt über einen bestimmten Zeitraum miteinander verglichen.

Zu Versuchsbeginn ist die Substratkonzentration sehr hoch. Die Konzentration freier Enzyme liegt in einem niedrigeren Bereich, Enzym-Substrat-Komplexe und Produkt sind noch nicht vorhanden. Im zeitlichen Verlauf sinkt die Konzentration der freien Enzyme im selben Maße, wie die Konzentration der Enzym-Substrat-Komplexe steigt. Die hohe Konzentration der Substratmoleküle sinkt während dieser Zeit leicht.

Nach einer bestimmten Zeit verändern sich die Konzentrationen von freien Enzymen und Enzym-Substrat-Komplexen nicht mehr. Die Konzentration der Enzym-Substrat-Komplexe liegt dabei über der der freien Enzyme. Bei Erreichen dieses Gleichgewichts sinkt die Substratkonzentration etwas schneller und nimmt bis zum Versuchsende kontinuierlich ab. Im gleichen Maße wie die Konzentration des Substrats sinkt, steigt die Konzentration der Produkte.

Begründung der Veränderungen: Mit Versuchsbeginn sinkt die Konzentration der freien Enzyme und die der Substrate, die zunehmend zu Enzym-Substrat-Komplexen reagieren. Deren Konzentration steigt entsprechend. Bei der anfangs hohen Substratkonzentration entstehen aus freien Enzymen und Substratmolekülen relativ schnell Enzym-Substrat-Komplexe. Nach Abspaltung des Produktes bindet jedes Enzym wieder ein neues Substratmolekül, ein Gleichgewichtszustand ist durch Substratsättigung erreicht. Die Konzentrationen ändern sich in der Summe nicht. Da ständig Substratmoleküle umgesetzt werden, sinkt deren Konzentration kontinuierlich. Nahezu gleichzeitig wird das Produkt aus dem Enzym-Substrat-Komplex freigesetzt. Die Konzentration des Produktes nimmt daher im selben Maße zu wie die Konzentration der Substrate sinkt.

6

a) Eine kompetitive Hemmung ist eine Form reversibler Enzymhemmung. Kompetitive Hemmung liegt dann vor, wenn das Substrat einer enzymatischen Reaktion und ein Hemmstoff um das aktive Zentrum des Enzyms konkurrieren, wobei der Hemmstoff nicht umgesetzt wird. Das tatsächliche Ausmaß der Hemmung der Enzymaktivität hängt vom Verhältnis der Konzentrationen des Substrats und des Hemmstoffs ab. Hohe Substratkonzentrationen verringern die Wahrscheinlichkeit, dass der Hemmstoff das aktive Zentrum besetzt. Häufig zeigen der kompetitive Hemmstoff und das Substrat strukturelle Ähnlichkeit. Allosterische Enzyme besitzen an anderer Stelle als ihrem aktiven Zentrum eine Bindungsstelle für regulatorisch wirksame Moleküle. Bei der allosterischen Hemmung verändert die reversible Bindung eines Hemmstoffes im allosterischen Zentrum die Raumstruktur des Enzyms bzw. seines aktiven Zentrums so, dass es kein Substrat mehr binden kann.

b) Das Endprodukt eines Stoffwechselweges kann regulatorisch wirksam sein. Durch negative Rückkopplung hemmen solche Reaktionsprodukte konzentrationsabhängig ein allosterisches Enzym im Stoffwechselweg und verhindern so eine Überproduktion. Erfolgt die Hemmung am Anfang eines Stoffwechselweges, werden alle folgenden Produkte nicht gebildet.

7

Individuelle Lösung.

4 Sport und Energiestoffwechsel

4.1 Anpassung an körperliche Anstrengung

1

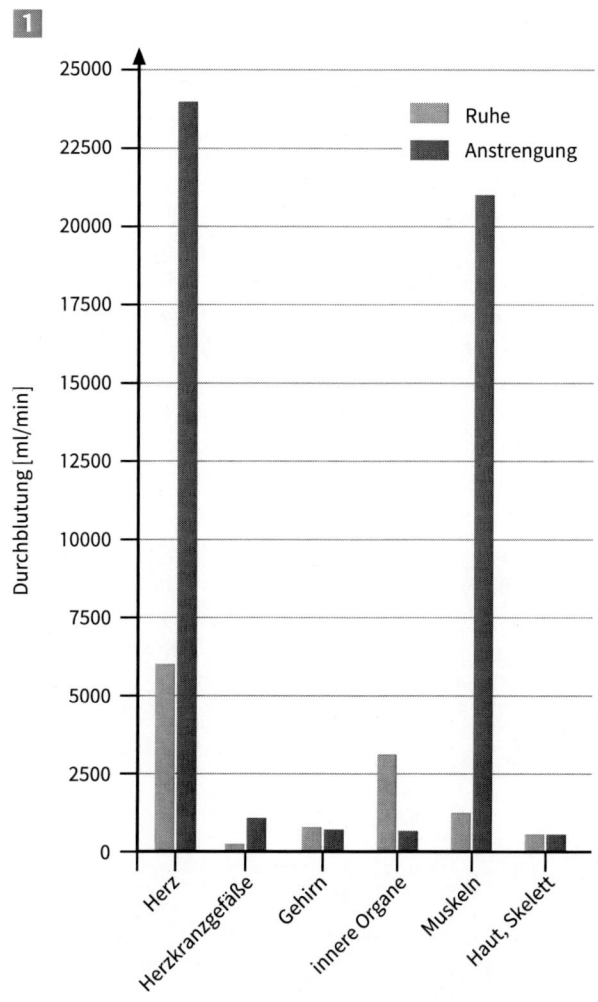

erhöhten Energiebedarf. Um Energie aus der Zellatmung zu gewinnen, benötigen die Zellen Nährstoffe und Sauerstoff. Durch die erhöhte Durchblutung werden der Sauerstoff und die Nährstoffe über das Blut schnell zu den Körperteilen transportiert, deren Stoffwechselintensität stark zunimmt: das Herz schlägt stark und schnell, die Frequenz der Muskelkontraktionen steigt pro Zeiteinheit. Die Stoffwechselintensität der inneren Organe wie z. B. der Verdauungsorgane sinkt während der körperlichen Anstrengung. Bei einer langfristigen Belastung muss eine ausreichende Versorgung auch der inneren Organe gewährleistet sein, da diese z. B. die benötigten Stoffe herstellen und bereitstellen.

2

a)
– Herzgewicht (g): Absolutes Gewicht des Herzens
– Herzgewicht (g/kg Körpergewicht): Gewicht des Herzens im Verhältnis zum Körpergewicht
– Blutvolumen (l): Volumen des gesamten Blutes im Körper
– Herzfrequenz (1/min): Häufigkeit des Herzschlages, angegeben als die Anzahl der Herzschläge pro Minute
– Schlagvolumen des Herzens (ml): Volumen des Blutes, das bei einem Herzschlag gepumpt wird
– Herzzeitvolumen (l/min): Volumen des Blutes, das pro Minute durch das Herz gepumpt wird
– Atemzeitvolumen (l/min): Volumen der Luft, die pro Minute eingeatmet wird

b) Das Herzgewicht ist beim Ausdauersportler wesentlich größer als beim Nichtsportler, und zwar sowohl bezüglich der absoluten Werte als auch bezogen auf das Körpergewicht. Das Blutvolumen des Körpers ist bei Nichtsportler und Ausdauersportler relativ ähnlich. Große Unterschiede zeigen sich in der Herzfrequenz: Die Ruhe-Herzfrequenz liegt beim Nichtsportler bei 80, beim Ausdauersportler ist sie nur halb so hoch bei 40/min. Die maximale Herzfrequenz ist bei beiden 180/Minute. Die niedrige Ruhe-Herzfrequenz beim Ausdauersportler ist verbunden mit einer starken Erhöhung des Schlagvolumens, das doppelt so groß ist wie beim Nichtsportler. Das Herz des Ausdauersportlers schlägt also in Ruhe halb so oft, pumpt bei jedem Schlag aber doppelt so viel Blut wie das des Nichtsportlers. Bezogen auf das Herzzeitvolumen

Bei körperlicher Anstrengung nimmt die Durchblutung des Herzens und der Herzkranzgefäße sehr stark zu: im Vergleich zur Ruhe steigt sie auf das Vierfache an (Herz: von 6 auf 24 l/min, Herzkranzgefäße: von 250 auf 1000 ml/min). Auch die Durchblutung der Muskeln nimmt deutlich zu. Dagegen sinkt bei körperlicher Anstrengung die Durchblutung der inneren Organe deutlich ab: von 3100 ml/min auf 600 ml/min. Die Durchblutung des Gehirns, der Haut und der Skelettknochen ändert sich nicht, sondern bleibt unabhängig von Ruhe oder Anstrengung konstant.

Die Veränderungen der Durchblutung der Körperorgane sind eine kurzfristige Anpassung an den bei Anstrengung

haben beide daher dieselben Werte (5,6 l/min). Da das Sportler-Herz aber auch bei maximaler Frequenz mehr Blut pumpt, ist dann das Herzzeitvolumen sehr hoch (35 l/min beim Sportler gegenüber 18 l/min beim Nichtsportler). Das Atemzeitvolumen beider liegt in Ruhe bei 8 l/min, kann beim Sportler aber einen doppelt so hohen Maximalwert erreichen wie beim Nichtsportler.

Die Veränderungen beim Ausdauersportler gegenüber dem Nichtsportler stellen langfristige Anpassungen an die Erfordernisse bei körperlicher Anstrengung dar: Das Herz ist durch seine Größe und sein Schlagvolumen sehr effektiv und schlägt in Ruhe viel weniger oft. Bei Anstrengung kann es durch seine Effizienz bei hoher Schlagfrequenz eine sehr große Menge Blut pumpen, das Sauerstoff und Nährstoffe zu den Muskelzellen transportiert, die in der Zellatmung diese Stoffe zur Energiegewinnung nutzen. Für die schnelle Sauerstoffzufuhr kann auch die Atmung bei Bedarf gesteigert werden.

3

a)

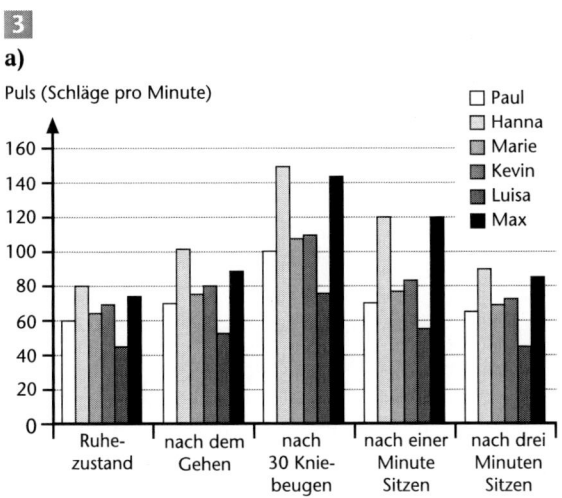

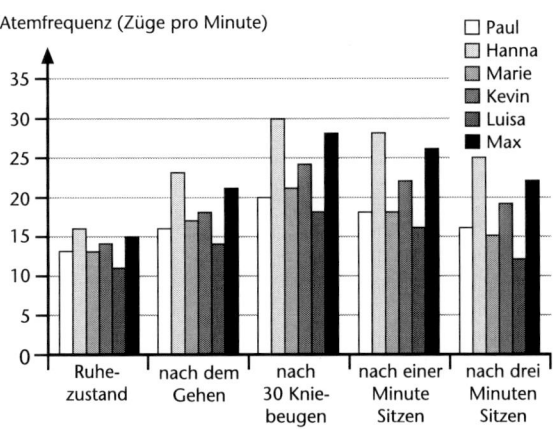

b) Pulsschlag und Atemfrequenz zeigen, dass die Belastung für alle Personen bei 30 Kniebeugen am größten ist. Beim Sitzen beruhigen sich Pulsschlag und Atemfrequenz bei allen Personen nach und nach wieder. Zu allen Messzeiten haben Max und Hannah die höchsten Werte für Puls und Atemfrequenz. Luisa hat immer die niedrigsten Werte. Paul, Marie und Kevin liegen mit ihren Werten im Mittelfeld, wobei Kevin im Vergleich mit den beiden anderen eine deutlich höhere Atemfrequenz zeigt. Luisa ist die Einzige, bei der sowohl der Puls als auch die Atemfrequenz bereits nach 3 Minuten Sitzen schon wieder fast wieder auf dem Wert des Ruhezustands sind.

Die Messergebnisse deuten damit an, dass Luisa mit Abstand am besten trainiert ist. Ihre Pulsfrequenz bei Ruhe (45/min) ist fast so niedrig wie bei einem Ausdauersportler(40/min). Die Messergebnisse zeigen auf der anderen Seite, dass Hannah und Max eher untrainiert sind. Marie hat mit einem Ruhepuls von 80/min tatsächlich den Wert eines Nichtsportlers.

c) Der Körper eines Menschen, der sich regelmäßig körperlich betätigt, zeigt langfristige Anpassungen. Regelmäßiges körperliches Training kann den Herzmuskel vergrößern, sodass das Herz mehr Blut pumpen kann und auch in Ruhe effektiver arbeitet. Auch die Versorgung der Zellen mit Sauerstoff wird, beginnend mit der Atmung, durch mehrere Faktoren effizienter.

4

a) und **b)** Individuelle Lösungen.

4.2 Auswirkungen von Training und Bewegungsmangel

1

a) Eine Krankenkasse, die mit dem Bild eines mehrstöckigen Treppenhauses und der Bildunterschrift „Dieses Fitness-Studio hat Tag und Nacht geöffnet" wirbt, will die Mitglieder ermutigen, selbst einen präventiven Beitrag zur Gesundheitsförderung zu leisten. Hier wird dafür geworben, Bewegungsmöglichkeiten, die sich im Alltag häufig bieten, zu nutzen und sich auf diese Weise – ggf. auch ohne zusätzlichen Sport – fit zu halten. Die Botschaft könnte lauten: Im Alltag gibt es vielfältige Gelegenheiten dem Risikofaktor Bewegungsmangel zu begegnen. Man muss diese Gelegenheiten nur wahrnehmen.
b) Individuelle Lösung.

2

Abbildung 3 a zeigt die Herzarbeit in 24 Std. in kJ. Verglichen wird die Herzarbeit der Gesamtbevölkerung mit der von Ausdauersportlern in jeweils verschiedenem Lebensalter.

Herzarbeit in 24 Std. in kJ		
Alter	**Gesamtbevölkerung**	**Ausdauer-Sportler**
20–29	140	60
30–39	142	80
40–49	150	80
50–59	170	100
60–69	220	110

Die Herzarbeit ist erforderlich, um über den Blutkreislauf alle Zellen z.B. mit Sauerstoff und Nährstoffen zu versorgen. Diese Versorgung benötigt Energie. Die Werte steigen in der Gesamtbevölkerung von 140 bei 25-jährigen bis 220 bei 70-jährigen.
Die Werte sind bei Ausdauersportlern deutlich niedriger, von 60 bei 25-jährigen bis 110 bei 70-jährigen. Regelmäßiges Training kann die Masse des Herzmuskels vergrößern, so dass das Herz mehr Blut pro Zeiteinheit pumpen kann und auch in Ruhe effektiver arbeitet.
In 3b erfolgt ein entsprechender Vergleich des Blutdrucks in mm Hg.

Blutdruck in mm Hg		
Alter	**Gesamtbevölkerung**	**Ausdauer-Sportler**
20–29	110	105
30–39	112	107
40–49	115	103
50–59	125	110
60–69	135	115

Ein erhöhter Blutdruck gilt als Risikofaktor für Erkrankungen des Herz-Kreislauf-Systems. Für die Gesamtbevölkerung sind für alle Altersstufen Normalwerte angegeben. Bei Ausdauersportlern liegen die Werte niedriger. Dieser Effekt ist im höheren Lebensalter deutlicher. Der Blutdruck wird von vielen Faktoren beeinflusst. Mit zunehmendem Alter verringert sich allgemein der innere Durchmesser der Arterien, so dass der Blutdruck steigt. Möglicherweise hat Ausdauersport einen positiven Effekt auf den Zustand dieser Gefäße. Im Gesamtsystem ist wahrscheinlich auch die angepasste Herzleistung am veränderten Blutdruck beteiligt.

3

a) *Quotient Muskelgewicht/Körpergewicht* = groß: Durch regelmäßiges Ausdauertraining steigt der Anteil der Muskelmasse am Körpergewicht.
Quotient Fettgewicht/Körpergewicht = klein: Die dem Körper zugeführte Energie der Nahrung wird durch regelmäßiges Training in Form von Glucose für die Zellatmung in der Muskulatur bereitgestellt. Nur bei einem Überschuss an Energie in der aufgenommenen Nahrung werden im Organismus Fette gebildet.
Mitochondrienanteil = hoch: In den Mitochondrien laufen wichtige Schritte der Zellatmung ab. Mitochondrien besitzen eigene DNA und vervielfältigen sich durch Teilung selbstständig. Der Energieumsatz ist bei höherer Mitochondrienzahl entsprechend effizient.
Kapillarisierung der Muskulatur = groß: In den Muskeln bilden sich durch Training mehr Blutkapillaren, so dass die Versorgung des Muskels mit Sauerstoff gefördert wird. Sauerstoff wird in den Mitochondrien für die Zellatmung benötigt.
Herzgewicht = groß: Regelmäßiges Training kann die Masse des Herzmuskels vergrößern, so dass das Herz mehr Blut pro Zeiteinheit pumpen kann und auch in Ruhe effektiver arbeitet.
Herzfrequenz = relativ klein: Die niedrige Herzfrequenz beim Ausdauersportler ist verbunden mit einer starken Erhöhung des Schlagvolumens, das doppelt so groß ist wie beim Nichtsportler.
Herzarbeit = klein: Die Herzarbeit ist erforderlich, um über den Blutkreislauf alle Zellen z.B. mit Sauerstoff und Nährstoffen zu versorgen. Durch die höhere Masse des Herzmuskels pumpt das Herz mehr Blut pro Zeiteinheit und kann auch in Ruhe effektiver arbeiten. Das Herz des Ausdauersportlers schlägt weniger pro Zeitein-

heit, pumpt aber bei jedem Schlag mehr Blut als das des Nichtsportlers.

Maximale Herzleistung = groß: Durch die höhere Masse des Herzmuskels pumpt das Herz mehr Blut pro Zeiteinheit und kann auch bei niedriger Schlagfrequenz und in Ruhe effektiver arbeiten.

Vitalkapazität = groß: Das Luftvolumen, das bei einem normalen Atemzyklus ein- und ausgeatmet wird, steigt bei ausdauertrainierten Sportlern. Unter Vitalkapazität wird die maximale Luftmenge verstanden, die nach einem Atemzug wieder ausgeatmet werden kann. Damit wird pro Atemzug eine größere Menge Luft aufgenommen und es gelangt in der Summe mehr Sauerstoff in die Lunge als bei Untrainierten.

Blutvolumen = groß: In einem großen Blutvolumen befinden sich entsprechend viele Rote Blutzellen, die Sauerstoff transportieren. Für die Zellatmung steht dieser Sauerstoff zur Verfügung, nutzbare Energie wird vermehrt gewonnen.

O_2-Transportkapazität des Blutes = groß: Sauerstoff bindet an das Hämoglobin in den Roten Blutzellen. Da deren Zahl in einem großen Blutvolumen relativ hoch ist, kann viel Sauerstoff transportiert werden.

Ermüdbarkeit = klein: Der gesamte Körper des Ausdauertrainierten wird effizient mit Sauerstoff versorgt. So lange viel Glucose zur Verfügung steht, kann durch die Zellatmung viel nutzbare Energie gewonnen werden.

Erholung = schnell: Durch die optimale Abstimmung von Atmung, Sauerstoffversorgung, Herzleistung und Durchblutung regulieren sich nach körperlicher Anstrengung alle Faktoren wieder relativ schnell zu Werten des Ruhezustands.

Leistungsreserven = groß: In der Muskulatur und in der Leber befindet sich Glykogen als Speicherform von Glucose. Aus diesen Reserven kann der Körper in bestimmten Situationen schnell Glucose für die Zellatmung verfügbar machen. Auch Sauerstoff kann in Herz- und Skelettmuskelzelle in Form von Myoglobin kurzzeitig gespeichert werden.

Leistungsabfall im Alter = langsam: Risikofaktoren des Herz- Krauslaufsystems sind bei Ausdauertrainierten geringer. Die Durchblutung wird gefördert, der Abbau der Muskulatur wird verlangsamt.

Hinweis: Myoglobin s. Kapitel 4.3.

b) Individuelle Lösung.

4.3   Trainingsformen und Trainingsziele

1

Individuelle Lösung, z. B.:

Regelmäßiges Training bewirkt:
- Verbesserung von Beweglichkeit, Ausdauer und Kraft
- größere und zahlreichere Mitochondrien, durch Zellatmung kann mehr ATP hergestellt werden
- höhere Glykogenreserven in der Skelettmuskulatur
- höhere Anzahl der Funktionseinheiten in den Muskelfasern
- zusätzliche Blutkapillaren in den Muskeln, dadurch erhöhte Sauerstoffzufuhr
- geringere Lactatbildung bei Belastung
- eine Vergrößerung des Herzens, so kann es mehr Blut pro Minute pumpen
- eine Zunahme der Blutmenge
- das Blut wird dünnflüssiger
- weniger Ablagerungen in den Arterien und damit elastischere Arterienwände
- Vergrößerung der inneren Oberfläche der Lunge, dadurch verbesserte Sauerstoffaufnahme

2

a) In dem standardisierten Verfahren wird die Belastung auf Watt pro kg Körpergewicht bezogen, nicht auf das absolute Körpergewicht. Es zeigt sich, dass die Lactat-Werte bei dem untrainierten Menschen schon ab einer Belastung von ca. 1 Watt pro kg Körpergewicht ansteigen. Ab ca. 2 Watt pro kg Körpergewicht steigt die Lactatkonzentration noch steiler an und erreicht bei ca. 2,7 Watt pro kg Körpergewicht einen Wert von ca. 8 mmol/l. Die Lactat-Werte beim ausdauertrainierten Menschen steigen weitaus langsamer und erst bei stärkerer Belastung an. Sie erreichen einen Wert von ca. 8 mmol/l bei einer Belastung von 4,5 Watt pro Kilogramm.

b) Durch das Training wurde die innere Oberfläche der Lunge und das Herz vergrößert und die Durchblutung der Muskulatur verbessert. Diese Anpassungsvorgänge bewirken, dass schnell und mehr Sauerstoff in die Muskeln transportiert werden kann. Dieser Sauerstoff kann durch die größere Anzahl (und größere Form) von Mitochondrien für eine höhere ATP-Produktion genutzt werden. Dadurch ist die Belastungsgrenze höher und es wird erst später Lactat, das unter Sauerstoffmangel entsteht, gebildet.

3

Das Myoglobin als Sauerstoffspeicher hat den Vorteil, dass bei einer plötzlichen starken Belastung bereits genügend Sauerstoff vor Ort in den Muskeln vorhanden ist, um schnell große Mengen an ATP ohne Lactatbildung zu erzeugen. Bis durch eine schnellere Atmung und Herztätigkeit zusätzlicher Sauerstoff herangeführt werden kann, vergeht eine gewisse Zeit, die durch den Myoglobinspeicher überbrückt werden kann. Auf diesen Speicher kann auch bei schnellen Belastungen (z. B. Sprint) zurückgegriffen werden. Myoglobin unterstützt zudem den Sauerstofftransport von der Zellmembran zu den Mitochondrien, es kann also mehr Sauerstoff in der gleichen Zeit zu den Mitochondrien transportiert werden als durch reine Diffusion und führt dadurch zu einer höheren ATP-Produktion. Eine höhere Myoglobinproduktion und eine größere Myoglobinmenge erhöhen also die Leistungsfähigkeit der Muskeln und damit des Körpers.

4

a) Wesentliche Faktoren im Organismus, die den VO_2max-Wert beeinflussen:
– die Sauerstoff-Zufuhr (Atmung)
– der Sauerstoff-Transport (Herz-Kreislauf-System)
– die Sauerstoff-Verwertung in der Muskelzelle bei maximaler Belastungszustand des Organismus

Drei hintereinandergeschaltete Organsysteme nehmen Einfluss auf den VO_2max-Wert: die Atmung, der Blutkreislauf und der aerobe Muskelstoffwechsel, der in den Mitochondrien abläuft.

Entscheidend ist, wie viel Sauerstoff im Muskelstoffwechsel unter Beteiligung von Myoglobin für die aerobe Energiegewinnung zur Verfügung gestellt wird. Je höher der VO_2max-Wert ist, desto höher kann die Intensität einer Ausdauerbelastung bzw. Dauerleistung sein, ohne den anaeroben Stoffwechselweg mit der Lactatbildung zu erreichen.

b) Die VO_2max-Differenz untrainierter Frauen (38) im Vergleich mit untrainierten Männern (44) hat vermutlich genetische, geschlechtsspezifische Ursachen. Grundsätzlich können alle in 3a genannten Faktoren beteiligt sein. In der Regel ist die Muskulatur bei Männern und Frauen im Verhältnis zum Körpergewicht unterschiedlich entwickelt. Die Zellatmung in den Muskelzellen ist dadurch ebenfalls unterschiedlich effizient.

In der Gruppe der Athleten liegt der VO_2max-Wert unter 65, aber vermutlich über dem Wert untrainierter Männer (44). Bei den mehr ausdauertrainierten 1500-m-Läufern reicht er von 70–75. Die Gruppe der 10 000-m-Läufer zeigt mit Werten von 75–80 die deutlichsten Anpassungen infolge des Ausdauertrainings.

Das Zusammenspiel der beteiligten Organsysteme führt durch Ausdauertraining zu einer zunehmend besseren Versorgung und Verwertung des Sauerstoffs im Muskelstoffwechsel. Dadurch steigt die Effizienz der aeroben Energiegewinnung durch die Zellatmung.

5

Beweglichkeitstraining, Ausdauertraining oder Krafttraining sind unterschiedliche Trainingsformen mit unterschiedlichen Trainingszielen.

Beweglichkeitstraining: Die Steuerung von Bewegungsabläufen erfolgt als Motorisches Lernen durch Nervenzellen und das abgestimmte Zusammenwirken verschiedener Muskeln. Das Trainingsziel ist eine Harmonisierung von Bewegungsabläufen, die dadurch auch effektiver werden. Alle Sportarten erfordern geschickte, harmonische und koordinierte Bewegungsabläufe. In bestimmten Regionen des Großhirns werden im Prozess des Motorischen Lernens neue und leichter erregbare Verbindungen zwischen Nervenzellen gebildet. Die Lernerfolge werden im Gedächtnis gespeichert. Lernerfolge fördern die Motivation und damit den Spaß an der Bewegung.

Ausdauertraining: Ausdauersportarten wie Laufen, Radfahren, Inlineskaten, Walking und Schwimmen verbessern die Kondition und trainieren damit auch besonders das Herz-Kreislauf-System. Das Trainingsziel kann leistungs- und/oder gesundheitsorientiert sein. Bei einer Leistungsorientierung soll eine möglichst hohe körperliche Leistung über einen längeren Zeitraum erbracht werden. Bei einer Gesundheitsorientierung steht das allgemeine Wohlbefinden, die Verbesserung des Herz-Kreislauf-Systems oder die Reduktion von Übergewicht im Vordergrund.

Krafttraining: Werden Muskeln längere Zeit nicht beansprucht, kann ihre Leistungsfähigkeit abnehmen. Durch gezieltes Krafttraining wird besonders der Muskelaufbau gefördert. Das Trainingsziel kann einer Rehabilitation dienen, ist häufig aber leistungsorientiert. Bei manchen Personen spielt auch eine besondere Körperwahrnehmung eine Rolle, wenn ein athletischer, muskulöser Körperbau als attraktiv empfunden wird. Eine Gesundheitsorientierung tritt dabei in den Hintergrund.

1

Individuelle Lösung, z. B.:

Lebewesen als offene Systeme: Lebende Systeme sind offen, da sie durch ihre Lebensvorgänge in ständigem Stoff- und Energieaustausch mit der Umgebung stehen.

Autotrophe Organismen: Sie können eigenständig aus energiearmen, anorganischen Molekülen mit Hilfe von Energie körpereigene, energiereiche, organische Moleküle herstellen. Die selbst hergestellten Moleküle dienen als Energiequelle sowie als Kohlenstoffquelle beim Aufbau körpereigener Substanz.

Heterotrophe Organismen: Sie ernähren sich von organischer Substanz, also von anderen toten oder lebendigen Organismen oder deren Teilen. Die aus der Umgebung aufgenommenen organischen Moleküle dienen als Energiequelle sowie als Kohlenstoffquelle beim Aufbau körpereigener Substanz.

Anaboler Stoffwechsel: Aufbauende, energiebedürftige Stoffwechselwege, bei denen aus energiearmen Molekülen energiereiche Stoffe gebildet werden.

Kataboler Stoffwechsel: Abbauende Stoffwechselwege. Energiereiche Moleküle, wie z. B. Glucose, werden zu niedermolekularen Stoffen mit geringem Energiegehalt umgewandelt. Energie wird freigesetzt.

Chemische Energie: In Biomasse ist chemische Energie gespeichert. Heterotrophe Lebewesen wandeln chemische Energie der Nahrung in chemische Energie körpereigener Stoffe um.

Energieumwandlungen: Energieformen können von einer vorliegenden Form in eine andere Energieform gewandelt werden. Eine grüne Pflanze wandelt als autotropher Organismus Lichtenergie in chemische Energie und Wärme um. Heterotrophe Lebewesen wandeln chemische Energie der Nahrung u. a. in Bewegungsenergie, elektrische Energie und Wärme um.

Energieentwertung: Bei Energieumwandlungen in biologischen Systemen wird ein Teil als Wärme frei. Lebewesen können Wärme als Energieform nicht in eine andere Energieform umwandeln. Wenn nutzbare Energie in nicht mehr nutzbare Energie gewandelt wird, spricht man von Energieentwertung.

ATP-ADP-System: Das System vermittelt zwischen exergonischen und endergonischen Stoffwechselprozessen. Reaktionen, die Energie benötigen (endergonische …), beziehen die Energie aus der hydrolytischen Spaltung von ATP zu ADP +P. Energie freisetzende Reaktionen (exergonische …) führen zur Synthese von ATP aus ADP + P.

2

a) Alle Menschen sind als Lebewesen biologische, offene Systeme. Sie nehmen als heterotrophe Organismen ständig energiereiche Stoffe mit ihrer Nahrung auf und wandeln sie in katabolen Stoffwechselprozessen um. Sie sind Energiewandler. Die chemische Energie der Stoffe aus der Nahrung wird z. B. in chemische Energie körpereigener Stoffe oder in Bewegungsenergie umgewandelt. Diese Energieumwandlungen erfolgen exotherm (exergonisch). Die freiwerdende Wärme kann von Lebewesen nicht in andere Energieformen gewandelt werden. Bei jeder exothermen Umwandlung nimmt die nutzbare Energie durch diese Energieentwertung etwas ab. Das ist vor allem bei der Zellatmung bedeutsam, bei der die chemische Energie von Glucose in mehreren enzymatischen Reaktionen in chemische Energie in Form von ATP umgewandelt wird. ATP stellt über das ATP-ADP-System Energie bereit, die für verschiedene Prozesse genutzt wird, z. B. für die Muskelaktivität.

Der abgebildete moderne Mensch arbeitet sitzend. Die Muskulatur wird nur wenig beansprucht. Der Energieumsatz ist bei dieser Tätigkeit vergleichsweise gering, während im Supermarktzeitalter der Energiegehalt der Nahrung sehr hoch sein kann.

Bei dem Sammler ist die Aktivität des gesamten Organismus höher, die Bewegungsabläufe sind insgesamt abwechslungsreicher, auch die Muskulatur wird mehr beansprucht. Die Lichtenergie der Sonne ist die ursprüngliche Energiequelle für die Pflanzen der Sammler. Durch Fotosynthese erfolgt in den autotrophen Pflanzen in anabolen Stoffwechselprozessen die Umwandlung der Lichtenergie in die chemische Energie der Biomasse der pflanzlichen Nahrung. Der Energiebedarf ist bei dem Sammler durch die gesteigerte Aktivität größer als beim modernen „Büromenschen".

Am meisten Energie aus der Nahrung benötigt der Jäger. Während der Jagd bewegt er sich über eine lange Zeit und über weite Entfernungen. Die Bewegungsabläufe sind dabei abwechslungsreich, die Muskulatur wird vielseitig und dauerhaft beansprucht. Da der Jagderfolg vermutlich nicht regelmäßig sehr hoch war, standen ihm nur begrenzt energiereiche Ressourcen aus Fleisch als Nahrung zur Verfügung.

b) Es besteht ein direkter Zusammenhang zwischen körperlicher Betätigung und der benötigten Energie aus der Nahrung. Dabei benötigt der Frühmensch als Jäger am meisten Energie aus der Nahrung, auch der Energiebedarf der Sammler ist höher als der des modernen Menschen. Der gesamte Stoffwechsel des modernen Büromenschen entspricht dem des frühen Urmenschen und ist den damaligen Bedingungen angepasst. Zwischen dem Energiegehalt der Nahrung und der körperlichen Aktivität besteht ein Ungleichgewicht. Eine ausgewogene Ernährung und ausreichende körperliche Aktivitäten können auch im Supermarktzeitalter regulierend wirken.

3

Tiere	1 Ochse	300 Kaninchen	Vergleich
Masse am Anfang	600 kg	600 kg	Ein Ochse wiegt soviel wie 300 Kaninchen.
Futter pro Tag	7,5 kg Heu	30 kg Heu	300 Kaninchen haben etwa den vierfachen Energiebedarf eines Ochsen.
Heu reicht	130 Tage	33 Tage	Der Energiegehalt von 600 kg Heu reicht für einen Ochsen 4-mal so lange wie für 300 Kaninchen.
Wärmeverlust der Tiere	83,7 MJ	335 MJ	Der Wärmeverlust bei 300 Kaninchen ist etwa 4-mal so groß wie bei einem Ochsen. an Wärme wird über die Oberfläche der Tiere abgegeben. Diese ist bei 300 Kaninchen viel größer als bei einem Ochsen.
Tägliche Massenzunahme	0,9 kg	3,6 kg	Die tägliche Massenzunahme ist bei den Kaninchen 4-mal größer.
Massenzunahme pro t Heu	120 kg	120 kg	Die Massenzunahme ist pro t Heu gleich.

Hypothesen: Kaninchen wachsen schneller. Daher haben sie (bezogen auf ihr Körpergewicht) einen wesentlich höheren Nahrungsbedarf im Vergleich zum Ochsen.

Schnellerer Nahrungsumsatz bedeutet auch eine höhere Stoffwechselintensität und damit verbunden eine höhere Wärmeabgabe.

4.5 Methoden zur Bestimmung des Energieumsatzes bei körperlicher Aktivität

1

Die Untersuchung des Energieumsatzes eines Menschen erfolgt durch direkte oder indirekte Kalorimetrie.
Direkte Kalorimetrie: In einem abgeschlossenen System werden die verrichtete Arbeit, der Energieumsatz und die Wärmeabgabe eines Probanden ermittelt.
Indirekte Kalorimetrie: Ein aufwendiges abgeschlossenes System ist nicht nötig. Diese Methode basiert auf der Bestimmung der Sauerstoff- und der Kohlenstoffdioxidmenge in der Atemluft. Die Berechnungsformel ist: Energieumsatz = Sauerstoffaufnahme · kalorisches Äquivalent. Das kalorische Äquivalent gibt dabei an, wie viel Kilojoule pro aufgenommenem Liter Sauerstoff gewonnen werden kann: Das kalorische Äquivalent muss für die aufgenommene Nahrung bekannt sein oder berechnet werden.

2

a) Energieumsatz: Summe von Grundumsatz und Leistungsumsatz.
Grundumsatz: Energiemenge, die bei völliger Ruhe zur Aufrechterhaltung der Körperfunktionen benötigt wird.
Leistungsumsatz: Energiemenge, die bei einer Tätigkeit über den Grundumsatz hinaus beansprucht wird.

b)

Tätigkeiten	Energie-umsatz (kJ/h)	Leistungs-umsatz (kJ/h)
Ruhiges Liegen	350	–
Sitzen	385	235
Stehen	595	245
Gehen (4,9 km/h)	1295	945
Gehen (8,0 km/h)	2800	2450
Senkrechte Leiter besteigen	4025	3675
Büroarbeit	630	280
Auto fahren	980	630
Arbeit mit Maschinen	1330	980
Bauarbeiter	1995	1645
Landwirt	2520	2170
Golf, Segeln, Billard, Kegeln	1645	1295
Tennis, Reiten, Tanzen, Schwimmen	2450	2100
Ruder, Fußball, Radrennen	3395	3045
Treppensteigen mit 60 kg Last	10675	10325

Der Körper hat im Liegen einen Energieumsatz von 350 kJ/h. Dieser Wert ist der Grundumsatz. Der Leistungsumsatz kann entweder mit dem in der Tabelle im Buch angegebenen Faktor ermittelt werden oder indem man vom Tabellenwert jeweils den Grundumsatz von 350 kJ/h subtrahiert.

Im Sitzen erfolgt zusätzlich zum Grundumsatz eine geringe Muskelaktivität mit dem Leistungsumsatz von 35 kJ/h zur Aufrechterhaltung des Muskeltonus und für gelegentliche Bewegungen. Im Stehen erhöht sich diese Muskelarbeit auf 245 kJ/h Leistungsumsatz. Mit einem Wert von 280 kJ/h ist der Energieumsatz nur wenig höher als beim Stehen. Das Autofahren erfolgt im Sitzen, und zusätzliche Aktivitäten wie Lenken, Schalten, Bremsen und ständige Kontrollbewegungen steigern den Leistungsumsatz auf 630 kJ/h. Die Leistungsumsätze beim langsamen Gehen (945 kJ/h) und bei der Arbeit mit Maschinen (980 kJ/h) sind auf die ähnlichen Muskelaktivitäten zurückzuführen. Leichte sportliche Tätigkeiten zeigen aufgrund der gesteigerten Aktivität unterschiedlicher Muskelbereiche einen höheren Leistungsumsatz (1295 kJ/h). Ein Bauarbeiter erreicht durch seine Arbeit einen etwas höheren Wert (1645 kJ/h), der von Werten für anstrengendere Sportarten (2100 kJ/h) und für schnelleres Gehen (2450 kJ/h) noch übertroffen wird. Der Landwirt liegt mit seiner Arbeitsbelastung in diesem Bereich (2170 kJ/h). Ein deutlich höherer Leistungsumsatz tritt bei Ausdauersportarten mit höherem Krafteinsatz (3045 kJ/h) auf. Beim Besteigen einer senkrechten Leiter muss zusätzliche Arbeit zum Überwinden der Schwerkraft aufgewendet werden (3675 kJ/h). Das gilt auch für das Treppensteigen, insbesondere wenn eine Last von 60 kg dabei getragen wird. Der Leistungsumsatz erreicht in diesem Fall den Spitzenwert von 10325 kJ/h.

3

a) Der Respiratorische Quotient stellt das Verhältnis zwischen abgegebener Kohlenstoffdioxidmenge und aufgenommener Sauerstoffmenge dar.

RQ = Volumen abgegebenes CO_2/Volumen aufgenommenes O_2 = 2,38 l/min / 2,8 l/min = 0,85
Der Respiratorische Quotient des Sportlers beträgt 0,85.

b) Das kalorische Äquivalent für RQ = 0,85 beträgt laut Abb. 4 etwa 20,2 kJ/l O_2.
Der Energieumsatz des Sportlers (Energieumsatz = Sauerstoffaufnahme · kalorisches Äquivalent) beträgt in einer halben Stunde:
2,8 l/min O_2 · 20,2 kJ/l O_2 · 30 min = 56,56 · 30 min = 1696,8 kJ.

c) Der auf die Stunde umgerechnete Energieumsatz beträgt 1689,8 kJ · 2 = 3393,6 kJ
In der Tabelle entspricht das dem Energieumsatz der Ausdauersportarten Rudern, Fußball, Schwimmen mit 3395 kJ/h.

4

Individuelle Lösung.

1

Die Verbrennung im Kalorimeter benötigt zum Start eine große Aktivierungsenergie. Nach dem Start wird die frei werdende Energie in kurzer Zeit vollständig in Form von Wärme abgegeben. Bei der Oxidation in den Zellen wird die Reaktion in fünf Teilreaktionen „zerlegt". Der Betrag der frei werdenden Energie ist in beiden Fällen gleich. Die frei werdende Energie wird in der Zelle nur zum Teil als Wärme abgegeben. Ein weiterer Teil wird in Form von Überträgermolekülen gespeichert und kann anschließend von den Zellen für chemische Reaktionen genutzt werden. Für jede der Teilreaktionen wird nur eine geringe Aktivierungsenergie benötigt, die Reaktionen können also bei Körpertemperatur ablaufen, weil sie zur Aktivierung ausreicht.

2

Individuelle Lösung.
Möglicher Versuchsaufbau: In der Abdampfschale wird Glucose verbrannt. Über der Schale wird mit der großen Öffnung nach unten der Trichter angebracht, um die Verbrennungsgase aufzufangen. Mit einem Schlauchstück werden sie anschließend in das mit weißem Kupfersulfat gefüllte U-Rohr geleitet. Der andere Schenkel des U-Rohrs wird mit einem Schlauchstück mit der Waschflasche an dem Glasrohr verbunden, das in das Kalkwasser in der Waschflasche eintaucht. Das andere Glasrohr der Waschflasche wird schließlich mit einem Schlauch an die Wasserstrahlpumpe angeschlossen.

3

Zunächst wird die einströmende Luft durch ein mit Kaliumhydroxid gefülltes U-Rohr geleitet. Dadurch reagiert das in der Luft vorhandene Kohlenstoffdioxid mit dem Kaliumhydroxid, die Luft wird so kohlenstoffdioxidfrei. In der nachfolgenden Waschflasche wird kontrolliert, ob noch Reste an Kohlenstoffdioxid vorhanden sind. Sie würden zur Trübung des Kalkwassers in der Waschflasche führen. Anschließend strömt die kohlenstoffdioxidfreie Luft in die Glocke mit der Pflanze und wird anschließend in einer weiteren Waschflasche erneut durch Kalkwasser geleitet. Die auftretende Trübung ist ein Nachweis für Kohlenstoffdioxid, das von den Pflanzen abgegeben wurde.

4

In den Chloroplasten wird bei der Fotosynthese durch Absorption von Lichtenergie aus Kohlenstoffdioxid und Wasser Glucose hergestellt. Glucose wird im Rahmen der Zellatmung mithilfe von Sauerstoff wieder zu Kohlenstoffdioxid und Wasser oxidiert. Der Oxidationsprozess läuft zum großen Teil in den Mitochondrien ab. Die bei der Zellatmung frei werdende Energie wird zum Teil in Überträgermolekülen gespeichert und so im System Pflanze nutzbar. Der andere Teil der frei werdenden Energie wird in Form von Wärme abgegeben. Die Abbauprodukte Kohlenstoffdioxid und Wasser stehen der Pflanze als Ausgangsstoffe für weitere Fotosynthesereaktionen zur Verfügung. Es handelt sich um einen Stoffkreislauf. Die umgesetzte Energie stammt dabei aus dem Sonnenlicht.

5

Individuelle Lösung, z. B.:
Die Zellatmung verläuft als vielstufiger, durch Enzyme gesteuerter Prozess. Dabei wird die chemische Energie der Glucose nacheinander in vielen kleinen Schritten frei. Enzyme gewährleisten, dass die Teilreaktionen durch Herabsetzung der Aktivierungsenergie bei niedrigen Temperaturen stattfinden können. Die jeweils nutzbare freiwerdende Energie wird durch erneute Energieumwandlung in Überträgermolekülen gespeichert und steht dem Organismus zur weiteren Nutzung zur Verfügung. Bei jedem Energieumwandlungsschritt erfolgt allerdings eine Energieentwertung, da Wärme abgegeben wird, die als Energieform durch Lebewesen nicht weiter genutzt wird.
Glucose und Sauerstoff reagieren bei der Zellatmung letztlich zu CO_2 und Wasser. Im System Pflanze stehen sie als Ausgangsstoffe für die Fotosynthese wieder zur Verfügung. Es besteht ein Stoffkreislauf. Anders ist es mit der Energie: Energie muss bei der Fotosynthese neu aufgenommen werden, da durch die Energieentwertung und durch die Energieumsetzungen im lebenden System kein Energiekreislauf, sondern ein Energiefluss besteht.

4.7 Biologisch bedeutsame (Makro-)Moleküle: Kohlenhydrate

1

Lineare Form: Die 6 Kohlenstoffatome des Glucosemoleküls sind nach der Standard-Konvention durchnummeriert. Das C-Atom mit der Nummer 1 ist Teil der Aldehydgruppe. An dieses C-Atom ist ein weiteres C-Atom mit der Nummer zwei gebunden. Diese Kette setzt sich bis zum C-Atom Nr. 6 fort. An die C-Atome 2 bis 6 ist jeweils eine Hydroxylgruppe (-OH) und ein Wasserstoffatom (-H) gebunden. An das C-Atom Nr. 6 ist ein weiteres H-Atom gebunden.

Ringform: Eine Reaktion zwischen der Aldehydgruppe mit dem C-Atom 1 und der Hydroxylgruppe am C-Atom 5 in der Kettenform (1) führt zu einer Ringform (2).

Die Summenformel ist in allen Fällen gleich ($C_6H_{12}O_6$).

2

Die Synthese von Saccharose erfolgt über eine spezifische Reaktion eines Moleküls Glucose mit einem Molekül Fructose. Bei dieser Reaktion wird ein Molekül Wasser derart abgespalten, dass über ein Sauerstoffatom eine Bindung zwischen C-Atom 1 des Glucosemoleküls und C-Atom 2 des Fructosemoleküls entsteht. Durch diese 1,2-glykosidische Bindung ist aus den Monosacchariden Glucose und Fructose das Disaccharid Saccharose entstanden.

3

In der Abbildung sind die Strukturen von Monosacchariden (Fructose, Glucose und Galactose), Disacchariden (Saccharose, Maltose und Lactose) und Polysacchariden (Glykogen, Stärke und Cellulose) dargestellt.

Die Monosaccharide Glucose und Fructose reagieren zum Disaccharid Saccharose. Zwei Glucosemoleküle reagieren zum Disaccharid Maltose. Verbinden sich Glucose und Galactose, entsteht das Disaccharid Lactose.

Glucosemoleküle können sich zu langen Molekülketten verbinden, es entstehen die Polysaccharide Glykogen (in tierischen und menschlichen Organismen) oder Stärke (in Pflanzen). Glykogen ist stark, Stärke etwas weniger verzweigt. In beiden Makromolekülen liegt Glucose als Speicherform vor. Durch enzymatischen Abbau kann Glucose als Ausgangsstoff der Zellatmung freigesetzt werden. Glucosemoleküle können sich auch zu dem linear strukturierten Polysaccharid Cellulose verbinden. Diese besondere Struktur ist das Baumaterial für pflanzliche Zellwände mit ihren spezifischen Eigenschaften wie z. B. Festigkeit und Elastizität.

4

Individuelle Lösung, z. B.:

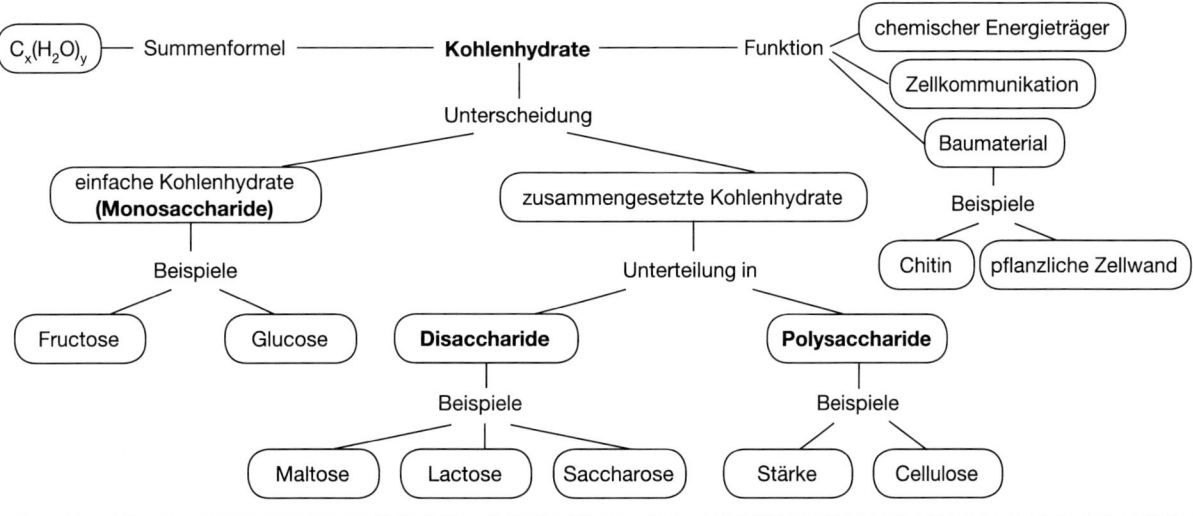

55

4.8   Energiestoffwechsel und Mitochondrien

1

In der Lunge diffundiert Sauerstoff aus der Luft in das Blut und wird an Hämoglobin der roten Blutzellen gebunden. Mit dem Blut wird der Sauerstoff in die verschiedenen Gewebe transportiert. Dort gelangt er durch Diffusion in die Mitochondrien der einzelnen Zellen. In den Mitochondrien erfolgt ein Großteil der Zellatmung. Bei diesem Vorgang wird ATP als Übertragungsstoff gebildet. Ein Endprodukt der Zellatmung ist Kohlenstoffdioxid, das durch Diffusion in die Adern gelangt und mit dem Blut in die Lunge transportiert wird. In der Lunge tritt Kohlenstoffdioxid durch Diffusion in die Lungenbläschen über und wird ausgeatmet.

2

a) Die Stoffwechselwege in Abbildung 4 sind vielfältig und stark vernetzt. Im Zellstoffwechsel sind die Reaktionsketten so verbunden, dass von jedem Stoff eine Verbindung über eine oder mehrere andere Stoffe zu den wichtigen Reaktionen des aeroben Glucoseabbaus besteht.

Als Vergleich könnte eine U-Bahn Karte einer Großstadt wie Berlin oder New York dienen. Alle Wege sind miteinander vernetzt. Im Zellstoffwechsel sind die Reaktionsketten untereinander, aber auch mit dem „Hauptweg" der Glykolyse und des Citratzyklus so verbunden, dass von jedem Punkt in der Karte ein Verbindungsweg über eine Kontaktstelle mit diesen wichtigen Reaktionen des aeroben Glucoseabbaus besteht.

b) Beide Punkte weisen besonders viele Verbindungen zu anderen Punkten auf, an denen wiederum lange Ketten von Punkten hängen. Das heißt die Stoffe Pyruvat und Acetyl-CoA sind an vielen verschiedenen enzymatischen Rektionen beteiligt, die am Anfang von verschiedenen Stoffwechselwegen stehen. Nachfolgende Reaktionen sind vom Vorhandensein dieser Stoffe abhängig - die Stoffwechselwege können damit über die genannten Schlüsselverbindungen reguliert werden.

3

a) *Plasmazelle:* 1: Endoplasmatisches Retikulum, 2: Zellkern, 3: Mitochondrium. Die Plasmazelle zeigt einen großen Zellkern und ein sehr stark ausgeprägtes endoplasmatisches Retikulum. Mitochondrien sind nur wenige vertreten.

Fettzelle: 4: Mitochondrium. Der Ausschnitt der braunen Fettzelle zeigt eine sehr große Anzahl an Mitochondrien. Sie liegen hier sehr dicht beieinander.

b) Die Aufgabe der Plasmazellen ist es, bei Bedarf in großer Menge Antikörper zu produzieren und dann abzugeben. Dafür ist ein ausgeprägtes endoplasmatisches Retikulum (ER) notwendig. Außerdem findet man am ER viele Ribosomen, die die Antikörper, die Proteine sind, produzieren.

In den braunen Fettzellen werden energiereiche Fette abgebaut. Die frei werdende Energie wird überwiegend als Wärme abgegeben. Viele Schritte des Abbaus finden in den Mitochondrien statt, die in hoher Zahl vorhanden sind.

4.9   Grundprinzipien von Stoffwechselwegen

-

1

Ein Tracer ist eine radioaktiv markierte Substanz, die nach dem Einbringen in den lebenden Körper an dessen Stoffwechsel teilnimmt und über den Nachweis der Radioaktivität unterschiedlichste Untersuchungen ermöglicht.

a) In Zellkulturen können Stoffwechsel, Teilungsvorgänge und weitere zelluläre Prozesse untersucht werden. Als Ersatz für Tierversuche werden sie als Testsysteme eingesetzt. Beispielsweise werden toxische Wirkungen von Substanzen untersucht. Zellkulturen basieren auf einem bestimmten Zelltyp. Ein geeigneter Tracer muss die Eigenschaft besitzen, an den Stoffwechselreaktionen dieser spezifisch differenzierten Zellen teilzunehmen. So können z. B. Reaktionen auf bestimmte Medikamente oder andere Substanzen exakt auf den Zelltyp der Zellkultur untersucht werden.

b) In Organismen eingesetzte Tracer müssen die Eigenschaft aufweisen, neben einzelnen Stoffwechselschritten auch an ganzen Stoffwechselwegen teilzunehmen. So können beispielsweise unterschiedlich differenzierte Zellen einzelner Gewebe oder Organe untersucht werden. Organe und Gewebe mit besonders hoher Stoffwechselintensität, wie z. B. Tumore, können so lokalisiert und deren Reaktionen auf bestimmte Medikamente oder andere chemische Substanzen untersucht werden.

2

Die Untersuchung von Leberzellen mit radioaktiv markierter Glucose zeigt, dass mit der zunehmenden Inkubationszeit die Anzahl der unterschiedlichen radioaktiven Stoffe steigt. Aus der Reihenfolge ihres Auftretens kann man auf die Reihenfolge ihres Entstehens im Stoffwechselweg schließen. Welche Stoffe es sind, zeigt die Abbildung zur Inkubationszeit von 10 Minuten:

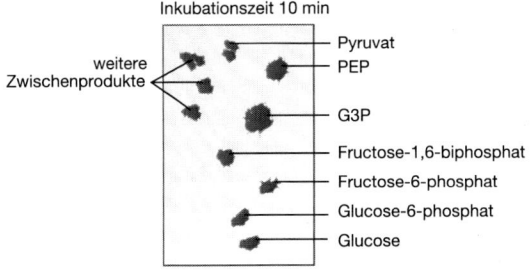

Inkubations-zeit	Ausgangsstoff bzw. neu entstandene Stoffe
1 min	Glucose (unveränderter Tracer)
	↓
2 min	Glucose-6-phosphat, Fructose-6-phosphat
	↓
3 min	Fructose-1,6-biphosphat, G3P
	↓
4 min	drei weitere Zwischenprodukte
	↓
5 min	PEP
	↓
6 min	Pyruvat

Es handelt sich bei dieser Stoffwechselkette um die im Cytoplasma ablaufende Glykolyse mit dem Reaktionsweg: Glucose → Glucose-6-phosphat → Fructose-6-phosphat → Fructose-1,6-bisphospat → G3P → weitere Zwischenprodukte → PEP → Pyruvat.

3

Radioaktiv markierte „Tracer" können Stoffwechselvorgänge im Körper sichtbar machen. Es hängt von der Stoffwechselaktivität in der zu untersuchenden Körperregion ab, wie stark oder wie schwach sich der Tracer dort anreichert. Tumore und Metastasen haben oft einen anderen Energiestoffwechsel als gesundes Gewebe. Solche Unterschiede lassen sich auf Bildern, die die Tracerverteilung zeigen, gut erkennen. Dichteunterschiede, die MRT-Untersuchungen zugrunde liegen, haben andere Ursachen. Sie zeigen keine erhöhten Stoffwechselaktivitäten.

4.11 Die Glykolyse findet im Zellplasma statt

1

$C_6H_{12}O_6 + 2\ ADP + 2\ P + 2\ NAD^+ \rightarrow$
$2\ C_3H_3O_3^- + 2\ ATP + 2\ NADH + 2\ H^+$
$(= 2\ C_3H_4O_3 + 2\ ATP + 2\ NADH + 2\ H^+)$

2

Die Glykolyse ...

... findet im Mitochondrium statt.
Die Aussage ist falsch, die Glykolyse findet im Cytoplasma statt.

... bildet kein ATP.
Die Aussage ist falsch. Pro Glucose werden 4 ATP gebildet, wobei vorher 2 ATP zur Aktivierung aufgewendet wurden. Es werden in der Summe also 2 ATP gebildet.

... kann sowohl unter aeroben wie unter anaeroben Bedingungen ablaufen.
Die Aussage ist richtig. Das bei der Glykolyse gebildete Pyruvat wird unter aeroben Bedingungen über die oxidative Decarboxylierung in den Citratzyklus eingeschleust. Unter anaeroben Bedingungen ist das Pyruvat der Ausgangsstoff für die alkoholische Gärung oder die Milchsäuregärung.

... oxidiert zwei Moleküle NAD$^+$ pro Molekül Glucose.
Die Aussage ist falsch. NAD$^+$ nimmt Elektronen auf und wird zu NADH + H$^+$. Das bedeutet, dass NAD$^+$ reduziert wird. (Elektronenabgabe = Oxidation, Elektronenaufnahme = Reduktion).

... bildet aus einem C$_6$-Molekül zwei C$_3$-Moleküle.
Die Aussage ist richtig. Aus einem Glucosemolekül werden zwei Moleküle Pyruvat gebildet.

3

Glucose (1.) wird unter ATP-Verbrauch zu Glucose-6-phosphat aktiviert, dieses zu Fructose-6-phosphat umgewandelt (2.). Es entsteht Fructose-1,6-bisphosphat (3.). Dabei steigt bei jeder Phosphorylierung der Energiegehalt an. In den nachfolgenden Schritten wird Energie auf die Überträgermoleküle NADH + H$^+$ und ATP übertragen, es entstehen zwei Moleküle Phosphoenolpyruvat (4.), deren Energiegehalt wesentlich geringer ist als der des Fructose-1,6-bisphosphat. In einem weiteren Schritt wird unter Abgabe der Phosphatgruppe Energie auf das dadurch entstehende ATP übertragen. Das so entstandene Endprodukt der Glykolyse, das Pyruvat (5.), ist somit noch energieärmer. Insgesamt entspricht das Schema dem einer exergonischen Reaktion mit Aktivierungsenergie und frei werdender Energie.

4

Individuelle Lösung, z.B.:
Es werden zwei Versuche durchgeführt. In beiden Experimenten ist die Zuckerlösung das Substrat für den Hefestoffwechsel. Hefe ist ein fakultativer Anaerobier. In Anwesenheit von Sauerstoff findet die Energiegewinnung durch die vollständige Zellatmung statt. Ist der Sauerstoff verbraucht, erfolgt unter diesen anaeroben Bedingungen die Energiegewinnung durch alkoholische Gärung.

Versuch 1: Durch den Güraufsatz ist die Zufuhr von Sauerstoff von außen unterbunden. Durch Trübung des Kalkwassers im Gäraufsatz wird entstehendes gasförmiges CO$_2$ nachgewiesen. Alle Teilreaktionen laufen ungestört ab.

Versuch 2: Im gleichen Ansatz wird DCPIP als Redoxindikator in seiner oxidierten Form zugegeben. Die Suspension zeigt eine Blaufärbung. Der Gäraufsatz wird mit frischem, ungetrübtem Kalkwasser erneut aufgesetzt. Nach einiger Zeit verschwindet die Blaufärbung. DCPIP liegt nicht mehr in der oxidierten Form (blau), sondern in der reduzierten Form (farblos) vor. DCPIP hat ein größeres Bestreben, Elektronen aufzunehmen, als der natürliche Elektronenakzeptor NAD$^+$. In der Folge sind alle nachfolgenden Reaktionsschritte unterbrochen, da kein NADH + H$^+$ mehr zur Verfügung steht. Die Produkte Ethanol und CO$_2$ werden nicht mehr gebildet. Dementsprechend gelangt kein CO$_2$ in das Kalkwasser im Gäraufsatz, sodass dieses klar bleibt.

5

ATP enthält chemische Energie. Stoffwechselprozesse, die Energie benötigen, erhalten diese dadurch, dass von ATP die endständige Phosphatgruppe abgegeben wird: ATP $\rightarrow$ ADP + P. In der Glykolyse wird ATP zur Phosphorylierung von Glucose benötigt. ATP wird gespalten und eine Phosphatgruppe auf Glucose übertragen. Das entstandene Glucose-6-phosphat ist jetzt energetisch aufgewertet und enthält mehr chemische nutzbare Energie. Der ursprüngliche Energiegehalt von ATP ist bei der Abgabe von P im gleichen Maße gesunken. Es folgt eine weitere Phosphorylierung nach dem gleichen Prinzip. Die Energie aus ATP wird investiert und in Fructose-1,6-bisphosphat ist diese Energie gespeichert. Das Energieniveau ist jetzt in der Energieaufwendungsphase der Glykolyse um zwei Stufen erhöht (Abb. 2). Bei der Bildung von zwei Molekülen Glycerinaldehyd-3-phosphat (G3P) aus Fructose-1,6-bisphosphat bleibt dieses Energieniveau erhalten.

Es folgt die Energiefreisetzungsphase. G3P wird in Phosphoenolpyruvat (PEP) umgewandelt. Dabei findet eine stark exergonische, also energiefreisetzende Reaktion statt. Diese Energie wird für die Bildung von 2 ATP aus 2 ADP + 2 P verwendet. Die Energiebilanz für ATP ist jetzt ausgeglichen. In einer weiteren exergonischen Reaktion reagiert PEP zu Pyruvat. Die freiwerdende Energie ermöglicht erneut die Bildung von 2 ATP aus 2 ADP + 2 P, die in diesem Fall vom PEP kommen. Am Ende der Glykolyse liegen 4 Moleküle ATP vor. Da in der Energieaufwendungsphase 2 ATP investiert wurden, sind in der ATP-Gesamtbilanz 2 ATP gebildet worden.

In der Glykolyse entstehen also aus jedem Molekül Glucose netto 2 Moleküle ATP und 2 Moleküle Pyruvat. Außerdem werden 2 NADH + 2 H$^+$ gebildet.

NAD^+ ist ein wasserstoffübertragender Cofaktor, der immer im Zusammenhang mit einem Enzym arbeitet. Man nennt ihn deshalb auch Coenzym. Die Redoxreaktion zeigt die Beteiligung der Elektronen:

$$NAD^+ + 2e- + 2\,H^+ \leftrightarrow NADH + H^+$$

2 NAD^+ werden in der exergonischen Energiegewinnungsphase der Glykolyse zu 2 NADH + 2 H$^+$ reduziert.

Zusammenfassender Vergleich:

- NADH + H$^+$ ist bei der aeroben Energiegewinnung der Zellatmung in den Prozessen der Endoxidation die Quelle für Elektronen und Protonen. Durch NADH + H$^+$ stehen Wasserstoffatome zur Verfügung, die in einer Abfolge exergonischer Reaktionen letztlich mit Sauerstoff zu Wasser reagieren können.

- ATP ist ein Energielieferant und -speicher. ATP kann bei endergonischen Reaktionen Substrate durch Phosphorylierung energiereicher machen, dabei sinkt sein eigener Energiegehalt entsprechend. Umgekehrt kann ADP bei exergonischen Reaktionen freigesetzte Energie aufnehmen und in Form von ATP speichern.

4.12 Die zentrale Stellung des Citratzyklus für viele Stoffwechselprodukte

Teilschritt	Ausgangs-stoff	Produkt	Bilanz
Glykolyse	Glucose	2 Pyruvat	2 ATP, 2 NADH + 2 H$^+$
Oxidative Decarboxy-lierung	2 Pyruvat, 2 CoA	2 Acetyl-CoA, 2 CO$_2$	2 NADH + 2 H$^+$
Citratzyklus	2 Acetyl-CoA	4 CO$_2$ 2 CoA	6 NADH + 6 H$^+$, 2 FADH$_2$, 2 ATP

Hinweis: Der Begriff „Reduktionsäquivalent" ist in Kapitel 4.9 erklärt.

2

Stärken und Schwächen der beiden Darstellungsformen: Die Darstellung mit Summenformeln ist exakter, die Darstellung mit dem C-Körper-Schema ist übersichtlicher aber man erkennt die Unterschiede zwischen gleich langen Körpern nicht.

3

Vom Pyruvat ausgehend wird in Stufen bis zum Oxalacetat nach und nach Energie abgegeben bzw. auf Überträgermoleküle übertragen. Die einzige Ausnahme ist die Reaktion von Citrat zu Isocitrat (3.). Hier muss noch einmal etwas Energie aufgewendet werden. Als Überträgermoleküle fungieren die Reduktionsäquivalente NADH + H$^+$ und FADH$_2$ sowie ATP. In der Abbildung entspricht (4.) dem α-Ketoglutarat, (5.) Succinyl-CoA, (6.) Succinat, (7.) Fumarat und (8.) Malat.

4

Individuelle Lösung, z. B.:
Ein Kreisprozess wie der Citratzyklus ermöglicht, dass viele Stoffwechselwege hier angeschlossen sind und entweder Abbauprodukte (über Acetyl-CoA) in den Kreislauf geben oder aus dem Kreis mit Grundbaustoffen versorgt werden. Die Produkte des einen Weges werden bei Bedarf „recycled" und für einen anderen Stoffwechselweg entnommen. Material und Energie für die Synthese dieser Grundbausteine werden dadurch eingespart.

5

Der Citratzyklus hat eine zentrale Stellung beim Stoffabbau. Über Acetyl-CoA können Bausteine aller wichtigen Gruppen von biologisch relevanten Molekülen eingeschleust werden: Proteine, Kohlenhydrate und Fette. Gleichzeitig stellen Acetyl-CoA und Citratzyklus die Bausteine des Kohlenstoffgerüstes für Aminosäuren (und damit der Proteine), DNA, Fette, Hämoglobin und Chlorophyll bereit. Der Citratzyklus dient also nicht nur zur Energiegewinnung, sondern ist eine zentrale Drehscheibe im gesamten Stoffwechsel. Es können an unterschiedlichen Stellen Stoffe entnommen oder eingeschleust werden. Voraussetzung dafür sind die verschiedenen Kohlenstoffgerüste der einzelnen Moleküle im Citratzyklus.

4.13 Die ATP-Synthese im Mitochondrium (I)

1

Die Elektronen fließen immer von der reduzierten Form eines Redoxsystems zur oxidierten Form eines anderen Redoxsystems, dessen oxidierte Form ein höheres Bestreben zur Elektronenaufnahme hat. Dabei nimmt die gespeicherte Energie bei jeder Elektronenübertragung ab. Die freiwerdende Energie wird dabei zum Aufbau eines Protonen- und Ladungsgradienten genutzt. Endstation dieser Übertragungskette ist der Sauerstoff. Sauerstoff ist also der letzte Akzeptor. Ohne Sauerstoff kommt die Elektronenübertragung zum Erliegen, es kann kein Gradient aufgebaut werden und somit kein ATP gebildet werden. Zudem werden die Reduktionsäquivalente nicht mehr oxidiert. Dadurch fehlen diese oxidierten NAD^+-Moleküle in der Glykolyse und im Citratzyklus. Auch diese Prozesse kommen daher ohne Sauerstoff zum Erliegen.

2

Die Stahlkugel besitzt eine bestimmte Masse, auf die eine bestimmte Gravitationskraft wirkt. Auf der obersten Stufe besitzt die Stahlkugel in dieser Höhenlage eine bestimmte potentielle Energie als Lageenergie. Im Modell kann diese Energie im freien Fall ohne Treppenstufen direkt auf die Glasplatte auf der unteren Ebene wirken. Wählt man in dem Modellexperiment die Masse der Stahlkugel und die Stärke der Glasplatte (z. B. Objektträger) in geeigneter Weise aus, wird bei Umwandlung der Lageenergie der Kugel in kinetische Energie die Glasplatte beim Aufprall der Kugel zerbrechen.

Im Modell wird durch den freien Fall die theoretische Folge einer direkten Oxidation von $NADH + H^+$ ($NADH + H^+ + 1/2\ O_2 \rightarrow NAD^+ + H_2O$) symbolisiert. Diese Reaktion ist so stark exergonisch, dass sie explosiv und zerstörend ablaufen würde, ganz ähnlich wie die Knallgasreaktion ($2H_2 + O_2 \rightarrow 2\ H_2O$).

Wird die potentielle Energie der Stahlkugel stufenweise in kinetische Energie umgewandelt, so wird bei jeder Stufe nur ein Viertel der gesamten Lageenergie frei. Die Glasplatten bleiben dadurch unbeschädigt. Das entspricht der stufenweisen Übertragung der Elektronen von Redoxsystem zu Redoxsystem, bei der immer nur kleine Energiemengen freigesetzt werden. Der Proteinkomplex I entspricht der obersten Stufe der Miniatur-Treppe. Elektronen werden vom $NADH + H^+$ aufgenommen. Die aufgenommenen Elektronen werden stufenweise über die Proteinkomplexe II bis IV bis zum Sauerstoff weitergegeben. Die Energie nimmt von Komplex zu Komplex in kleinen Portionen ab und wird dazu genutzt, Protonen aus der Mitochondriematrix durch die innere Mitochondrienmembran in den Raum zwischen innerer und äußerer Mitochondrienmembran zu pumpen. Das Modell kann gut die Auswirkungen einer stufenweise erfolgenden Aufteilung einer potentiellen Energie vom Ausgangspunkt bis zur vollständigen Energieabgabe veranschaulichen. Die Feinheiten der biochemischen Energieumsetzung in der Atmungskette fehlen dabei vollständig. Während die Treppenstufen in gleichen Abständen jeweils für eine gleichbleibende Energiefreisetzung sorgen, wirken die Proteinkomplexe in den Redoxsystemen unterschiedlich stark elektronenanziehend. Die Nutzung der Energie zum Aufbau eines Protonengradienten entgegen eines Konzentrationsgefälles kann ebenfalls nicht verdeutlicht werden. Die komplizierten Membranstrukturen sind mit Treppenstufen ebenfalls nicht erklärbar.

3

a) Cyankali wirkt im Mitochondrium und hemmt die Elektronenübertragung auf Sauerstoff im letzten Schritt der Atmungskette. Die Elektronenübertragung ist bis zum Proteinkomplex III zunächst nicht betroffen. Durch die Elektronenaufnahme liegt dieses Redoxsystem in der reduzierten Form vor. Für eine kontinuierliche Aufnahme von Elektronen vom Proteinkomplex II ist es aber erforderlich, dass Komplex III die gebundenen Elektronen abgeben kann und so wieder in der in der oxidierten Form vorliegt. Das gleiche gilt für die anderen vorgeschalteten Redoxsysteme sowie die Reaktionen im Citratzyklus. Das Fließgleichgewicht des Elektronentransports kommt vollständig zum Erliegen. Der Protonengradient kann nicht aufgebaut werden und ATP nicht hergestellt werden. Die Zellatmung kommt zum Stillstand.

b) Die Unterbrechung des Fließgleichgewichts im Mitochondrium hat entsprechende Auswirkungen auf die Vorgänge außerhalb des Mitochondriums. Die oxidative Decarboxylierung ist ebenfalls gehemmt, da AcetylCoA nicht in den Citratzyklus eintreten kann. Die Glykolyse läuft bis zum Pyruvat so lange unbeeinflusst ab, wie über die Stoffwechselwege der alkoholischen und der Milchsäuregärung eine enzymatische Umsetzung von Pyruvat erfolgt. Durch Gärung ist der Energiegewinn durch ATP deutlich geringer als durch die Zellatmung. Die Glykolyse hat ebenfalls eine geringe positive ATP-Bilanz.

1

a) Das Mitochondrium besitzt zwei Membranen. Die äußere Membran ist gegenüber der Zelle durchlässiger als die innere Membran. Die innere Membran ist stark gefaltet, sie hat daher eine große Oberfläche. Innerhalb der inneren Membran ist die Matrix. In ihr liegen DNA und Ribosomen. Zwischen den Membranen liegt der Intermembranraum. Er ist von der Matrix vollständig getrennt. Das Mitochondrium besteht also aus zwei vollständig getrennten Räumen, der Matrix und dem Intermembranraum.

b) Individuelle Lösung. Mögliche Aspekte dabei: Oberflächenvergrößerung der inneren Membran bietet mehr Effizienz bei der Ausbildung von Protonen- und Ladungsgradient; geringe Durchlässigkeit um die Gradienten aufrecht zu erhalten.

2

a) Gesamtbilanz der Zellatmung pro Molekül Glucose:

Glucose + 6 O_2 + 10 NAD^+ + 38 ADP + 38 P +2 FAD →
6 CO_2 + 12 H_2O + 10 NAD^+ + 38 ATP +2 FAD

oder in kurz:

Glucose + 6 O_2 + 38 ADP + 38 P → 6 CO_2 + 12 H_2O + 38 ATP

b) NAD^+ ist ein Coenzym, das zwei Elektronen und ein Proton überträgt. Es ist an Redoxreaktionen der Zellatmung beteiligt. NAD^+ ist die oxidierte, NADH + H^+ die reduzierte Form des Coenzyms. Die reduzierte Form NADH + H^+ stellt die Energie im Stoffwechsel der Atmungskette für die ATP-Synthese bereit. Bei ihrer Oxidation gibt sie zuvor aufgenommene Elektronen aus dem katabolen Glucosestoffwechsel der Glykolyse und des Citratzyklus wieder ab. Die Elektronen werden schließlich auf Sauerstoff übertragen. Dabei entstehen NAD^+ und Wasser.

ATP enthält chemische Energie. Stoffwechselprozesse, die Energie benötigen, erhalten diese dadurch, dass von ATP die endständige Phosphatgruppe abgegeben wird: ATP → ADP + P. In der Glykolyse werden z.B. zwei ATP für Phosphorylierungen benötigt. Die phosphorylierten Moleküle sind energetisch aufgewertet und enthalten mehr chemische nutzbare Energie. Nachfolgende Reaktionen werden damit erleichtert. In der Zellatmung reagiert bei jeder Energie freisetzenden Reaktion ADP + P zu ATP. Das ATP ist ein Energiespeicher. Dieser kann durch die Reaktion ATP → ADP + P für Energie benötigende Prozesse, z.B. zur Muskelkontraktion oder für chemische und osmotische Prozesse genutzt werden.

3

Das Mitochondrium besitzt eine äußere und eine innere Membran. Im Intermembranraum ist die H^+- Konzentration hoch, in der Mitochondrienmatrix im Inneren des Mitochondriums niedrig. Der bestehende Konzentrationsunterschied wird durch die Protonenpumpe der Redoxsysteme aufgebaut. Der Ausgleich des Konzentrationsgefälles erfolgt durch die ATP-Synthase. Durch diese Tunnelproteine strömen, dem Konzentrationsgefälle folgend, Protonen aus dem Intermembranraum in die Mitochondrienmatrix. Die Energie dieses Protonenflusses ermöglicht die damit gekoppelte Synthese von energiereichem ATP aus ADP + P.

Präsentation individuell, z.B. durch einen Vergleich des Protonenflusses durch die ATP-Synthase mit einem Turbinenkraftwerk.

4

Die Tabelle zeigt, dass ein Ausdauerdauersportler fast doppelt so viel Sauerstoff (pro kg und Minute) aufnehmen kann wie ein untrainierter Mensch. Dies ist nur möglich, weil der Sauerstoff im Körper auch viel schneller umgesetzt werden kann. Der Umsatz erfolgt in den Muskeln. Ein Indikator für die Geschwindigkeit, mit der die Zellatmung erfolgt, ist das Enzym Succinat-Dehydrogenase im Citratcyclus, der in den Mitochondien stattfindet. Die Aktivität dieses Enzyms ist pro Gramm Muskelmasse bei einem Ausdauersportler mehr als dreimal so hoch wie bei einem Untrainierten. Die wahrscheinlichste Erklärung dafür ist, dass das Enzym beim Ausdauertrainierten in viel höherer Konzentration vorliegt. Dazu passt auch, dass Muskelzellen von Ausdauertrainierten viel mehr Mitochondrien enthalten.

5

Bei der direkten Verbrennung von Glucose wird die gesamte freiwerdende Energie der vollständigen Oxidation unmittelbar in Form von Wärme abgegeben. Eine Nutzung durch Zellen ist damit ausgeschlossen, da die Energie entwertet ist, also nicht mehr für biologische Prozesse nutzbar ist. Bei der Zellatmung erfolgt die Oxidation schrittweise, wobei die freiwerdende Energie in Form des H^+-Gradienten zwischengespeichert und anschließend als ATP nutzbar gemacht wird. Nur 60 % der Energie werden in Form von Wärme abgegeben und so entwertet. Der nutzbare Anteil der freiwerdenden Energie beträgt also 40 %.

6

a) In den braunen Fettzellen wird der Protonengradient durch die Proteinkomplexe I, III und IV genauso aufgebaut, wie in anderen Zellen auch. Strömen die H^+-Ionen durch die ATP-Synthase zurück in die Matrix, wird ATP gebildet. Thermogenin bietet hingegen die Möglichkeit, H^+-Ionen in die Matrix einströmen zu lassen, ohne dabei ATP zu bilden. Die im Gradienten gespeicherte Energie wird dabei komplett nur in Wärme umgesetzt.

b) Braune Fettzellen enthalten mehr Mitochondrien als weiße. Durch die braunen Fettzellen kann mit Hilfe des Thermogenins viel Wärme produziert werden. Lebewesen ohne braune Fettzellen erzeugen die nötige Wärme durch die Abwärme bei Muskelarbeit (Muskelzittern), verbrauchen dabei aber viel ATP. Braunes Fettgewebe ist daher eine Angepasstheit an kalte Umgebungstemperaturen.

4.15 Gärungen: Glucoseabbau unter Sauerstoffmangel

1

Individuelle Lösung.

2

Bei der alkoholischen Gärung wird Pyruvat zunächst unter Kohlenstoffdioxidabspaltung in Acetaldehyd überführt. Acetaldehyd wird anschließend durch 2NADH + 2 H^+ zu Ethanol reduziert. Dabei entstehen 2 NAD^+, die in der Glykolyse erneut bereitstehen. Ein kontinuierlicher und geregelter Ablauf ist gewährleistet.

Bei der Milchsäuregärung wird kein CO_2 abgespalten. Pyruvat wird direkt durch 2NADH + 2 H^+ zu Lactat reduziert. Auch hierbei entstehen 2 NAD^+, die wieder in die Glykolyse einfließen.

3

Louis Pasteur entdeckte 1861 das Phänomen, dass Hefen unter anaeroben Bedingungen mehr und schneller Glucose verbrauchen als unter aeroben Bedingungen. Gleichzeitig wird auch viel mehr Ethanol produziert. Unter dem Pasteur-Effekt versteht man die Hemmung der alkoholischen Gärung sobald Sauerstoff verfügbar ist.

Unter energetischen Gesichtspunkten ist das ein sehr effizienter Mechanismus, denn der aerobe Weg verbraucht pro Zeiteinheit wesentlich weniger Substrat (Glucose) als der anaerobe Stoffwechselweg (Abbildung links). Nur wenn nicht genügend Sauerstoff vorhanden ist, wird der Energiebedarf mit Gärung gedeckt. In diesem Fall ist es die alkoholische Gärung, es entstehen schnell große Mengen Ethanol als Endprodukt der Gärung (Abbildung rechts). Der nichtlineare Kurvenverlauf bei der Gärung kann neben der schnell abnehmenden Konzentration des Substrates (mangelnde Substratsättigung) auch dadurch erklärt werden, dass die Stoffwechselaktivität der Hefen mit steigender Konzentration des Zellgiftes Ethanol abnimmt.

4

a) Glucoseabbau A: Diese Grafik ist dem Abbau unter anaeroben Bedingungen zuzuordnen. Der Abbau erfolgt nicht linear und die Glucosekonzentration sinkt viel schneller als beim Glucoseabbau B. Die Glucosevorräte sind schnell erschöpft, da die in nur geringer Zahl gebildeten ATP- Moleküle sofort für energieaufwendige Stoffwechselreaktionen umgesetzt werden.

Glucoseabbau B: Diese Grafik ist dem Abbau unter aeroben Bedingungen zuzuordnen. Der Abbau der Glucose verläuft linear und die Glucosevorräte reichen aufgrund der hohen ATP-Ausbeute wesentlich länger.

b) Die Ethanolkonzentration steigt mit dem Verbrauch von Glucose an. Der Anstieg erfolgt jedoch doppelt so schnell wie der Glucoseverbrauch, da aus jedem Glucosemolekül zwei Moleküle Ethanol entstehen.

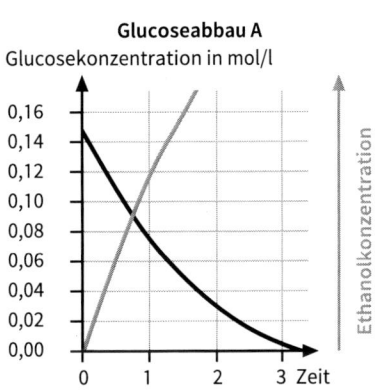

Glucoseabbau A

Glucosekonzentration in mol/l

1

Der Glucoseabbau wird an mehreren Stellen regulativ beeinflusst. Die erste Schaltstelle ist das Enzym Phosphofructokinase. Sie wird von AMP und ADP aktiviert und von ATP und Citrat gehemmt. Die zweite Schaltstelle liegt bei der Einschleusung des Acetyl-CoA in den Citratzyklus. ATP und NADH + H^+ wirken hemmend. Schließlich kann eine Regulation im Citratzyklus bei der Bildung von α-Ketoglutarat erfolgen. ATP und NADH + H^+ wirken hemmend, ADP und NAD^+ aktivierend.

Generell kann man sagen, dass beim Glucoseabbau ATP und NADH + H^+ hemmend wirken, ADP, AMP und NAD^+ dagegen aktivierend. Die Regulation bewirkt, dass bei hohen Konzentrationen von ATP und NADH + H^+, mit dessen Hilfe ATP hergestellt wird, der Glucoseabbau gebremst wird. Dadurch werden Ressourcen gespart. Hohe Konzentrationen von AMP, ADP und NAD^+ deuten dagegen auf einen ATP-Mangel hin, der durch vermehrten Glucoseabbau beseitigt wird.

2

Der durchgezogene Graph zeigt die erwartete hemmende Wirkung von ATP auf die Phosphofructokinase. Bei niedriger ATP-Konzentration arbeitet das Enzym schnell, bei zunehmender ATP-Konzentration nimmt die Reaktionsgeschwindigkeit ab. Phosphofructokinase katalysiert die Umwandlung von Fructose-6-phosphat zu Fructose-1,6-bisphosphat. Dass die Reaktion erst nach Zugabe von ATP überhaupt in Gang kommt, liegt vermutlich daran, dass ATP beim Einbau einer zweiten Phosphatgruppe in das Fructose-6-phosphat notwendigerweise vorhanden sein muss.

AMP verhindert weitgehend die Hemmung durch ATP, indem es das Enzym aktiviert. Möglicherweise verhindert AMP die Anlagerung von ATP an das allosterische Zentrum oder konkurriert erfolgreich mit ATP um diese Bindungsstelle. Dies ist unter normalen Bedingungen sinnvoll, da hohe Konzentrationen von AMP ja auf einen ATP-Mangel hindeuten, der durch vermehrten Glucoseabbau beseitigt werden kann.

3

Individuelle Lösung. Dabei sollten folgende Aspekte einfließen: Die Abzweigung organischer Verbindungen aus der Glykolyse, bei der oxidativen Decarboxylierung und aus dem Citratzyklus in andere Stoffwechselwege beeinflusst die ATP-Gewinnung und die Menge an vorhandenem Citrat. Durch die Regulationsvorgänge wird der Organismus optimal mit ATP versorgt. Auch der unterschiedliche Verbrauch von ATP bei Belastung oder Ruhe wird auf diese Weise ausgeglichen.

4

a) Steigt durch eine hohe Einschleusung von Acetyl-CoA in den Citratzyklus die Citratkonzentration, erfolgt eine negative Rückkopplung und Acetyl-CoA wird in den Fettstoffwechsel abgezweigt. Die ATP-Produktion bleibt damit im Gleichgewicht. Statt einer ATP-Überproduktion überführt der Organismus das überzählige Acetyl-CoA in Fett und schafft damit eine Energiereserve für Notzeiten. Diese Regulation hat sich im Laufe der Evolution als vorteilhaft erwiesen.

b) Der Energiegehalt des durchschnittlichen Nährstoffbedarfs entsprach 1882 etwa 3400 kcal pro Person und Tag. Die durchschnittliche Nährstoffaufnahme lag knapp unter diesem Wert. Bis 1925 sank der Nährstoffbedarf leicht, die Nährstoffaufnahme ebenfalls, sodass die Werte fast gleich, und damit in der Bilanz ausgeglichen waren. Ab etwa 1950 veränderte sich diese Bilanz stark. Heute liegt die durchschnittliche Nährstoffaufnahme immer noch bei 3100 kcal pro Person und Tag, während der Nährstoffbedarf sich dem Wert 2400 kcal pro Person und Tag nähert. Ist die Energiebilanz von Nährstoffbedarf und Nährstoffaufnahme ausgeglichen, erfolgt weder eine Gewichtsabnahme noch eine Gewichtszunahme. Die Körpermasse bleibt konstant. Liegt die Energie der Nahrung unter dem Bedarf, wird die Differenz durch Spaltung der im Körper gespeicherten Fettmoleküle ausgeglichen. Die freigesetzten Fettsäuren werden weiter über Acetyl-CoA in den Citratzyklus eingeschleust. Die energiegewinnenden Prozesse der Zellatmung können weiter ablaufen. Die Körpermasse nimmt ab. Ab 1925 veränderten sich die Lebensumstände. Die Versorgung mit Nahrung stieg, die körperliche Aktivität nahm durch zunehmende Erleichterungen bei der körperlichen Arbeitsbelastung ab. Bei einer solchen Bilanz hemmt Citrat das Enzym Phosphofructokinase und fördert den Aufbau von Fettmolekülen über Acetyl-CoA. Die Körpermasse nimmt zu. Bis heute ist die tägliche körperliche Belastung bei hoher Nährstoffaufnahme deutlich gesunken. Das Ungleichgewicht führt zu einer Gegenregulation durch eine weiter zunehmende Aktivierung des Fettaufbaus durch die positive Rückkopplung von Citrat. Das Körpergewicht steigt entsprechend an.

Citrat ist nicht die Ursache von Fettleibigkeit. Die Ursache liegt in der Unausgewogenheit von Nährstoffaufnahme und Nährstoffbedarf.

5

Der ausdauertrainierte Sportler hat eine mehr als fünffach größere Dichte der Blutkapillaren in der Muskulatur. Die verstärkte Durchblutung liefert über die Roten Blutzellen entsprechende Mengen Sauerstoff, die den Zellen für die Zellatmung zur Verfügung stehen.

↓

Eine weitere Trainingsanpassung ist die fast dreifach höhere Mitochondriendichte in den Muskelzellen. Sauerstoff ist der letzte Elektronenakzeptor der Redoxsysteme der Atmungskette in den Mitochondrien. Durch die erhöhte Mitochondrienzahl und die größere Sauerstoffversorgung steigt die Effizienz der Zellatmung. Mehr ATP wird gebildet.

↓

Die erhöhte Mitochondrienzahl ermöglicht einen schnelleren und vermehrten Umsatz von Glucose als Ausgangsstoff. Jeder Reaktionsschritt der Glykolyse außerhalb des Mitochondriums, der oxidativen Decarboxylierung, des Citratzuklus und der Atmungskette innerhalb der Mitochondrien erfolgt unter Beteiligung spezifischer Enzyme. Auch die höhere Enzymmenge ist Folge einer Anpassung durch Ausdauertraining.

↓

Beim Ausdauersport kann nach einer gewissen Zeit der Belastung die Versorgung der Skelettmuskulatur mit Glucose zum limitierenden Faktor für die Zellatmung werden. In den Muskelzellen befinden sich Kohlenhydratdepots in Form von Glykogen. Durch enzymatische Spaltung kann aus Glykogen direkt Glucose freigesetzt werden. Diese Angepasstheit hat sich in der Evolution als vorteilhaft erwiesen. Durch die aktive Anpassung beim Ausdauertraining sind die Kohlenhydratdepots in der Muskulatur fast um das Fünffache erhöht. Gegenüber dem untrainierten setzt die Lactatbildung durch Milchsäuregärung entsprechend später ein.

4.17 Mikroorganismen bei der Lebensmittelherstellung

1

Individuelle Lösung, z. B.:

unter Sauerstoffmangel

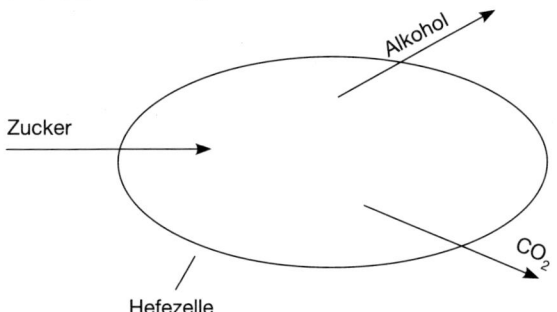

2

a) Kolben a: ... + Zucker
Kolben b: ... + Wärme
Kolben c: ... + Zucker und Wärme
Kolben d: ... + nichts (Kontrollversuch)
b) Individuelle Lösung.

3

Individuelle Lösung.

4

Konservierungs-methode	Auswirkungen auf Mikro-organismen
Tiefgefrieren	Enzymatische Reaktionen werden stark verlangsamt.
Trocknen	Wasser fehlt den Zellen als Transportmedium und für chemische Prozesse. Enzymatische Reaktionen werden stark verlangsamt.
Salzen	Den Zellen wird osmotisch Wasser entzogen.
Kurzes, hohes Erhitzen	Die Denaturierung von Proteinen und anderen Zellstrukturen führt zum Abtöten von Mikroorganismen.
Räuchern	Erhitzung, Trocknung und Einwirkung konservierender Stoffe
Freisetzung von Säuren durch Milchsäuregärung	Denaturierung von Enzymen, Abtöten von Mikroorganismen
Zusatz chemischer Konservierungsstoffe	Hemmung der Entwicklung, Abtötung

---

4.19 Hormonelle Regulation des Kohlenhydratstoffwechsels

1

Insulin	Adrenalin	Glukagon
fördert Glucose-aufnahme in die Zellen	fördert die Glucoseneubildung in der Leber	fördert die Glucoseneubildung in der Leber
fördert die GIykogenbildung im Skelettmuskel	fördert den Glykogenabbau im Skelettmuskel	
fördert den Glykogenaufbau in der Leber	fördert den Glykogenabbau in der Leber	fördert den Glykogenabbau in der Leber
fördert den Fett-aufbau	fördert den Fett-abbau	fördert den Fett-abbau
fördert die Milch-säuregärung		
fördert die Zell-atmung		

2

A: Die kohlenhydratreiche Kost führt zu einem erhöhten Blutzuckerspiegel. Es wird vermehrt Insulin ausgeschüttet. Insulin fördert die Aufnahme von Glucose in die Zellen und den Aufbau von Glykogen in den Muskeln und der Leber. Sind die Glykogenspeicher gefüllt, wird Glucose in Fett überführt, das im Fettgewebe gespeichert wird. Alle diese Vorgänge senken den Glucosespiegel im Blut.

B: Beim Marathonlauf wird der Blutzuckerspiegel zunächst erniedrigt. Infolgedessen werden Adrenalin und Glukagon ausgeschüttet. Das Adrenalin sorgt durch Förderung des Glykogenabbaus für einen schnellen Glucosenachschub in der Muskulatur. Beide Hormone fördern den Glykogenabbau in der Leber, wodurch der Blutzuckerspiegel erhöht wird und so dafür gesorgt wird, dass genügend Glucose in die Muskeln gelangt. Darüber hinaus wird durch Fettabbau, der von Glukagon und Adrenalin gefördert wird, Glucose bereitgestellt.

C: Bei einer kurzen körperlichen Anstrengung laufen die gleichen Vorgänge ab wie bei B. Allerdings wird vor allem das Glykogendepot in den Muskelzellen für die Freisetzung von Glucose genutzt. Der Abbau von Glykogen in der Leber und der Fettabbau sind wegen der begrenzten Zeitdauer der Belastung nicht in demselben Maß notwendig.

D: Nach tagelangem Hunger sind die Glykogenvorräte in den Muskeln und der Leber erschöpft. Glucose wird unter Förderung des Fettabbaus durch Glukagon aus dem gespeicherten Fett freigesetzt. Sind die Fettreserven aufgebraucht, so wird die Glucoseneubildung durch Adrenalin und Glukagon gefördert.

E: In dieser Lebenssituation wird die überschüssige Glucose unter dem Einfluss von Insulin in Fett überführt. Reicht dieser Vorgang nicht aus, den Blutzuckerspiegel im Sollbereich zu halten, wird Glucose mit dem Harn ausgeschieden.

3

Ohne Konservierungsmöglichkeiten gab es jahreszeitlich oder geografisch bedingte große Schwankungen im Nahrungsangebot. Die Tätigkeit des Jagens und Sammelns erforderte fast jeden Tag hohe körperliche Aktivität. Der damit verbundene Energiebedarf musste über die Nahrung gedeckt oder in Hungerzeiten aus einem körpereigenen Speicher zur Verfügung gestellt werden. Die genetisch bedingte Fähigkeit des Organismus, kontinuierlich Glucose als Ausgangsstoff für die Zellatmung bereitzustellen, war eine überlebenswichtige Angepasstheit: Ist die Nährstoffzufuhr größer als der Nährstoffbedarf, werden über Regulationsmechanismen körpereigene Depots energiereicher Substanzen in Form von Fetten und Glykogen gebildet. Diese Reserven stehen dann bei Nahrungsmangel oder bei hoher körperlicher Aktivität für die Einstellung einer konstanten Konzentration von Glucose im Blut zur Verfügung. Es besteht ein Gleichgewicht zwischen katabolen und anabolen Stoffwechselreaktionen.

4.20 Bau und Funktion der Skelettmuskulatur

1

1: Bereich der parallel liegenden Myosinfilamente
2: Bereich einer Z-Scheibe
3: Bereich der parallel liegenden Aktinfilamente
4: Bereich einer Z-Scheibe
5: Bereich der parallel liegenden Aktinfilamente
6: Bereich der parallel liegenden Myosinfilamente

2

Rote Muskelfasern kontrahieren vergleichsweise langsam und ermüden kaum. Sie ermöglichen Ausdauerleistungen. Das dichte Netz an Kapillaren gewährleistet eine kontinuierliche Versorgung mit Sauerstoff über das Hämoglobin der Roten Blutzellen. Myoglobin bindet diesen Sauerstoff und ist damit ein Sauerstoffspeicher in der Zelle. Die hohe Zahl an Mitochondrien ist eine Anpassung an Ausdauerleistungen. Die energiegewinnenden Abläufe der Zellatmung finden vermehrt statt. Der dafür benötigte Sauerstoff wird über Myoglobin schnell zu den Mitochondrien transportiert.

Weiße Muskelfasern ermüden zwar schnell, ermöglichen aber kurzfristige intensive Belastungen. Sie sind im Vergleich mit den Roten Muskelfasern weniger gut mit Sauerstoff versorgt. Langfristige Belastungen sind durch einen relativ schnell eintretenden Sauerstoffmangel nicht möglich. Der deutlich höhere Gehalt an Glykolyse-Enzymen ist ein Hinweis darauf, dass dieser Muskeltyp schnell auf die anaerobe Energiegewinnung durch Gärung im Cytoplasma umschaltet und Lactat produziert.

4.21 Muskelkontraktion

1

a) Bei Anwesenheit von Calciumionen verbinden sich die Köpfe der Myosinmoleküle mit dem Aktin und kippen um 45°. Dadurch gleitet das Myosin am Aktin um etwa 10 nm entlang. Durch Bindung von ATP an das Myosin wird die Bindung zwischen Myosin und Aktin wieder gelöst. Durch die Spaltung des ATP in ADP und eine Phosphatgruppe richten sich die Myosinköpfchen wieder auf. Dieser Vorgang wiederholt sich, solange ATP und Calciumionen im Sarkomer vorhanden sind.

b) Durch den Tod verändern sich die Membraneigenschaften, sodass Calciumionen auch ohne ankommende Aktionspotenziale in das Sarkomer gelangen. Dies führt zur Bindung zwischen Myosin und Aktin. Die Bindungen lösen sich in Gegenwart von ATP wieder. Das ATP wird verbraucht, im toten Organismus aber nicht wieder hergestellt. Wenn das gesamte ATP verbraucht ist, werden die Bindungen zwischen Myosin und Aktin nicht mehr gelöst. Die beiden Filamente sind nicht mehr gegeneinander verschiebbar, die Totenstarre ist eingetreten.

c) Individuelle Lösung, z. B.:

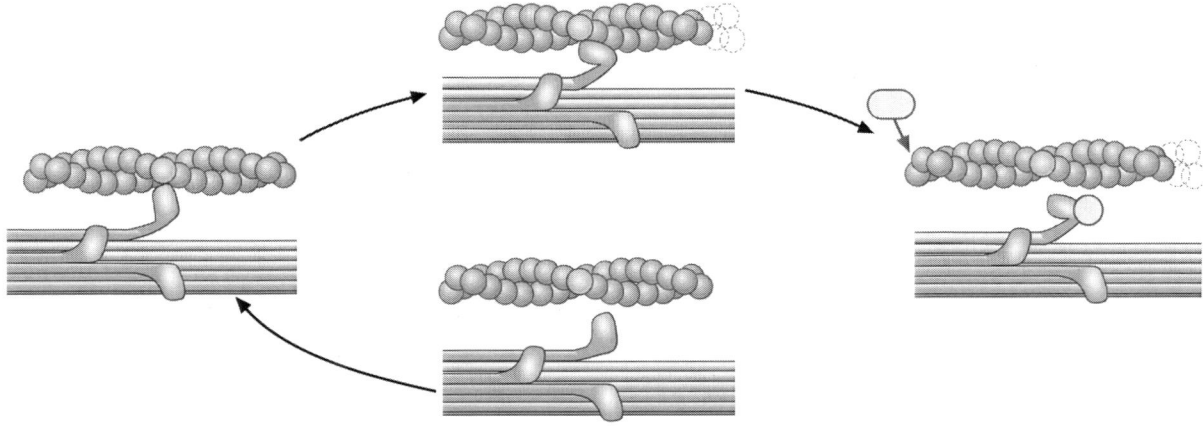

67

a) In den ersten Sekunden einer Belastung wird das vorhandene ATP gespalten. Noch während dieser Zeit beginnt die ATP-Herstellung durch Spaltung von Kreatinphosphat, das nach etwa 20 Sekunden aufgebraucht ist. Schon nach ca. fünf Sekunden setzt die Produktion von ATP durch Milchsäuregärung ein, die dann bis etwa zwei Minuten die Hauptquelle von ATP ist. Die ATP-Synthese aus der Zellatmung beginnt etwa 15 Sekunden nach Beginn der Belastung. Nach ca. vier Minuten wird fast der gesamte ATP-Bedarf aus der Atmung gedeckt.

b) Die Zellatmung liefert 38 mol ATP aus 1 mol Glucose, die Milchsäuregärung nur 2 mol ATP pro 1 mol Glucose.

c) Nudeln bestehen überwiegend aus Stärke, die zu Glucose abgebaut und als Glykogen in der Skelettmuskulatur und in der Leber gespeichert wird. Damit erhalten die Sportler einen großen „Vorrat" an Glykogen/Glucose, um bei dem langen Lauf genügend Energie in Form von ATP aus der Zellatmung zu gewinnen.

3

a) *Schwere Arbeit:* Die Sauerstoffaufnahme steigt bis zum Ende der Arbeit bei vier Minuten von 0,8 l/min auf 3,7 l/min schnell in S-Kurven-Form an. Die Arbeit endet am Punkt der höchsten Sauerstoffaufnahme. Nach Beendigung der Arbeit sinkt die Kurve innerhalb von sieben Minuten auf den Ausgangswert ab. Die schwere Arbeit ist hier also keine Dauerbelastung.

Leichte Arbeit: Die Sauerstoffaufnahme steigt rasch auf einen Maximalwert von etwa 1,4 l/min an und bleibt auf diesem Niveau, bis das Ende der Arbeit erreicht ist. Danach fällt sie in wenigen Minuten auf den Ausgangswert. Die leichte Arbeit kann man hier als eine Dauerbelastung auffassen, deren Sauerstoffbedarf kontinuierlich durch die Atmung gedeckt wird.

b) Bei der leichten Arbeit (z.B.: Rasenmähen, Fegen, etc.) erreicht die Sauerstoffaufnahme schnell das relativ tief liegende Maximum und bleibt für den Rest der Arbeit auf diesem Niveau. Der Sauerstoffbedarf wird also die ganze Zeit über kontinuierlich durch die Sauerstoffaufnahme gedeckt. Bei der schweren Arbeit (z.B.: Tragen schwerer Lasten die Treppe hinauf, etc.) steigt die Sauerstoffaufnahme viel höher an als bei der leichten Arbeit. Die Steigerung erstreckt sich über eine längere Zeit. Auch der Rückgang nach Beendigung der Zeit dauert länger. Ein andauernder Maximalwert ist nicht vorhanden, offenbar fehlt die Phase, in der der Sauerstoffbedarf voll von der Aufnahme gedeckt wird.

c) Bei beiden Formen der Arbeit geht der Körper zumindest am Anfang eine Sauerstoffschuld ein, da er bereits Leistung erbringt, es aber einige Zeit dauert, bis die Sauerstoffaufnahme hochgefahren wird. Diese Schuld wird in beiden Fällen nach Beendigung der Arbeit wieder ausgeglichen, indem die Sauerstoffaufnahme noch über dem Normalwert liegt, obwohl die Arbeit beendet ist. Mit dem Ausgleich der Schuld hat die Sauerstoffaufnahme ihren Normalwert wieder erreicht. Die Sauerstoffschuld wird also durch die farbig unterlegten Flächen nach Beendigung der Arbeit symbolisiert.

4

A: Der Befund stützt die Verletzungsthese. Bei einer einmaligen Kontraktion sollte in der Regel keine so starke Erschöpfung infolge von Sauerstoffmangel (Milchsäuregärung) vorhanden sein, Verletzungen durch die Kraftanstrengung sollten aber nicht ungewöhnlich sein.

B: Der Befund stützt sowohl die Milchsäurethese als auch die Verletzungsthese. Bei untrainierten Menschen treten bei Dauerbelastung schneller Erschöpfung und Sauerstoffmangel im Muskel auf als bei trainierten. Allerdings ist sicherlich auch die Wahrscheinlichkeit für das Auftreten von Mikroverletzungen bei untrainierten Menschen höher als bei trainierten.

C: Der Befund stützt die Verletzungsthese. Durch Dehnübungen sollte keine Erschöpfung der Muskulatur auftreten. Dass durch ein Dehnübungsprogramm die Anfälligkeit von Muskelkater verringert wird, stützt ebenfalls die Verletzungsthese. Durch die Übungen wird mit großer Wahrscheinlichkeit die molekulare Struktur der Z-Scheiben gestärkt.

4.22 Doping

1

a)

Erytropoitin (EPO) wird dem Körper zugeführt.

↓

Erytropoitin fördert als körpereigenes Hormon
die Bildung Roter Blutzellen.

↓

Mehr Rote Blutzellen binden mehr Sauerstoffmoleküle.

↓

Über das dichte Kapillarnetz in der Skelettmuskulatur
gelangt mehr Sauerstoff in die Zellen.

↓

Myglobinmoleküle binden Sauerstoff,
ein „Sauerstoffspeicher" entsteht.

↓

Die Ausdauerleistung der Zellen steigt durch
intensivere Zellatmung.

↓

Die durch Doping langfristig erhöhte Anzahl der Roten
Blutzellen kann Gefäßverschlüsse verursachen.

↓

Herzinfarkte, Schlaganfälle und Thrombosen können
die Folge des EPO-Doping sein.

b) EPO führt dazu, dass mehr Rote Blutzellen gebildet
werden. Es ist zu vermuten, dass dieser Effekt nicht lange anhält, nachdem das künstliche EPO abgebaut und
damit nicht mehr nachweisbar ist. Anabolika bewirken
verstärkten Muskelaufbau. Die Muskelmasse bleibt länger erhalten, auch wenn das Anabolikum schon lange
abgebaut und nicht mehr nachweisbar ist.

2

Individuelle Lösung mit Schwerpunkt fachübergreifender Aspekte (Biologie, Politik/Wirtschaft, Ethik, Werte
und Normen, Medizin).

3

a) *Doping mit Schmerzmitteln:* Viele Sportler, die an
sich gesund sind, nehmen z. B. vor einem Marathonlauf
Schmerzmittel, gegen Gelenkschmerzen und Muskelkater.
Doping mit Beruhigungsmitteln: Beruhigungsmittel
setzen unter anderem auch die Pulsfrequenz herab. In
manchen Disziplinen, wie zum Beispiel in Schießwett-
bewerben oder beim Golfsport, ist das ein großer Vorteil
durch die Ruhigstellung der Schießhand.

Doping mit Diuretika: Entwässernde Mittel steigern
nicht die Leistung und können sogar leistungsmin-
dernd wirken. Dennoch werden sie in Sportarten mit
Gewichtsklassen eingesetzt, bei denen der Sportler zur
Wettkampfberechtigung ein bestimmtes Gewicht nicht
überschreiten darf.
b) *Doping mit Schmerzmitteln:* Schmerzmitteln können
in hoher Dosierung und bei dauerndem Gebrauch fatale
Folgen im Magen-Darm-Bereich und an den Nieren haben.
Doping mit Beruhigungsmitteln: Benutzt werden z. B.
Betablocker. In der Medizin werden Betablocker bei der
medikamentösen Therapie von Bluthochdruck und Ko-
ronaren Herzkrankheiten eingesetzt. Betablocker gelten
als gut verträglich, können aber bei unangemessener
Verwendung Nebenwirkungen haben: Bradykardie (zu
langsamer Puls), Herzinsuffizienz, Asthmaanfälle und
Verstärkung peripherer Durchblutungsstörungen.
Doping mit Diuretika: In der Medizin werden Diuretika
zur Verringerung von Wasseransammlungen in Geweben eingesetzt. Durch Missbrauch kann in kurzer Zeit
eine starke Wasserausscheidung über die Niere zu einer
Gewichtsverminderung im Kilogrammbereich die Folge
sein. Bei dieser Dehydrierung werden auch viele Mi-
neralstoffe ausgeschieden. Die Folge können Muskel-
krämpfe und Nierenschäden sein.

4

Individuelle Lösung mit Schwerpunkt fachübergreifender Aspekte (Biologie, Politik/Wirtschaft, Ethik, Werte
und Normen, Medizin), z. B.:
Doping verzerrt die Wettbewerbsbedingungen. Andere
haben entweder keine Gewinnchancen und es entsteht
ein moralischer Druck, ebenfalls diese Praktiken einzu-
setzen (Dilemma-Situation). Im professionellen Sport
besitzt Unfairness eine wirtschaftliche Komponente.
Doping kann zu illegitimen wirtschaftlichen Vorteilen
führen. Vermögensschäden treffen z. B. Sponsoren und
Veranstalter.
Dopingpraktiken verursachen Folgeschäden. Diese
Schäden treffen die Gesellschaft indirekt, z. B. die Soli-
dargemeinschaft in der Krankenversicherung.

5

Individuelle Lösung mit Schwerpunkt fachübergreifender Aspekte (Biologie, Politik/Wirtschaft, Ethik, Werte und Normen, Medizin), z. B.:
- Doping ist unvereinbar mit dem Sinngehalt des Sports.
- Zum Sport gehört Authentizität durch Natürlichkeit der Leistung.
- Gesellschaftliche Definition des Sports als kultureller Bereich
- Leistungen ausschließlich auf Grund von Talent und Training
- Doping beeinträchtigt die Chancengleichheit
- Unfairness

- Verlust der Vorbildfunktion für den Breitensport und die Gesellschaft insgesamt
- Fairnessprinzipien übernehmen wichtige Orientierungsfunktionen für die Umgangsweisen in anderen Lebensbereichen
- Dopingmittel sind ein Gesundheitsrisiko
- Hinter dem Profisport steht der Druck von vielen wirtschaftlichen Interessen (von Sportlern, Vereinen, Veranstaltern, Medien ...).
- Für Leistungssportler ist der Sport ein Beruf, Gewinnen bedeutet Verdienst.
- Sponsoren erwarten TOP-Leistungen, sonst wandern sie ab.

Wiederholen – Üben – Festigen

1

a) und b) Individuelle Lösungen.

2

Beweglichkeitstraining, Ausdauertraining oder Krafttraining sind unterschiedliche Trainingsformen mit unterschiedlichen Trainingszielen. Die beiden Radler in der Abbildung betreiben vor allem Ausdauertraining.
Beweglichkeitstraining: Die Steuerung von Bewegungsabläufen erfolgt als Motorisches Lernen durch Nervenzellen und das abgestimmte Zusammenwirken verschiedener Muskeln. Das Trainingsziel ist eine Harmonisierung von Bewegungsabläufen, die dadurch auch effektiver werden. In bestimmten Regionen des Großhirns werden im Prozess des Motorischen Lernens neue und leichter erregbare Verbindungen zwischen Nervenzellen gebildet. Die Lernerfolge werden im Gedächtnis gespeichert. Lernerfolge fördern die Motivation und damit den Spaß an der Bewegung.
Ausdauertraining: Ausdauersportarten wie Laufen, Radfahren, Inlineskaten, Walking und Schwimmen verbessern die Kondition und trainieren damit auch besonders das Herz-Kreislauf-System. Das Trainingsziel kann leistungs- und/oder gesundheitsorientiert sein. Bei einer Leistungsorientierung soll eine möglichst hohe körperliche Leistung über einen längeren Zeitraum erbracht werden. Bei einer Gesundheitsorientierung steht das allgemeine Wohlbefinden, die Verbesserung des Herz-Kreislauf-Systems oder die Reduktion von Übergewicht im Vordergrund.
Krafttraining: Werden Muskeln längere Zeit nicht beansprucht, kann ihre Leistungsfähigkeit abnehmen. Durch gezieltes Krafttraining wird besonders der Muskelaufbau

gefördert. Das Trainingsziel kann einer Rehabilitation dienen, ist häufig aber leistungsorientiert. Bei manchen Personen spielt auch eine besondere Körperwahrnehmung eine Rolle, wenn ein muskulöser Körperbau als attraktiv empfunden wird. Eine Gesundheitsorientierung tritt dabei in den Hintergrund.

3

Struktur-Funktions-Beziehungen im Mitochondrium:

Struktur	Funktion
Äußere Membran	Abgrenzung und Stoffaustausch zwischen Mitochondrium und dem Cytoplasma
Intermembranraum	Aufnahme und Abgabe von H^+-Ionen. Der Protonengradient ermöglicht die ATP-Synthese.
Innere Membran	Oberflächenvergrößerung. Membranproteine wirken als Redoxsysteme bei der Elektronenübertragung in der Atmungskette. Das Enzym ATP-Synthase nutzt den Protonengradienten zur ATP-Synthese.
Mitochondrienmatrix	Ort für die oxidative Decarboxilierung und den Citratzyklus. Eigene DNA mit mitochondrialem Genom.
DNA	Speicherung der Informationen zur mitochondrialen Enzymsynthese
Ribosomen	Ribosomale Proteine/Enzyme werden nach Bauplan der ribosomalen DNA synthetisiert.

Bedeutung der Kompartimentierung: Ein biologisches System in voneinander abgegrenzte Räume unterteilt ist, in denen gleichzeitig verschiedene biologische Vorgänge stattfinden können. Im Mitochondrium können dadurch Konzentrationsgradienten aufgebaut werden. Die wesentlichen Vorgänge im Mitochondrium sind die Aufnahme von Pyruvat, die oxidative Decarboxylierung, der Citratzyklus, der Elektronentransport durch Redoxsysteme der Atmungskette in der stark gefalteten Innenmembran, der Aufbau eines Protonengradienten zwischen Intermembranraum und Mitochondrienmatrix und die ATP-Synthese durch die ATP-Synthase. Im Innenraum des Mitochondriums werden an den Ribosomen die Informationen der Mitochondrien-DNA u. a. zum Bau von Proteinen verwendet.

4

Individuelle Lösung, z. B.:

Glykolyse: Der Abbau von Glucose zu Pyruvat findet im Zellplasma außerhalb des Mitochondriums statt und kann in zwei Abschnitte strukturiert werden, die Energieaufwendungsphase und die Energiefreisetzungsphase. Energieaufwendungsphase: ATP wird gespalten und eine Phosphatgruppe auf Glucose übertragen. Glucose-6-phosphat entsteht und wird im Folgenden zu Fructose-6-Phosphat umgewandelt. Durch eine weitere Phosphorylierung entsteht Fructose-1,6-bisphosphat, das zu 2 × Glycerinaldehyphosphat (G3P) gespalten wird. Energiebilanz: 2 ATP werden aufgewendet.

Energiefreisetzungsphase: 2 G3P werden unter Wasserabspaltung zu 2 Phosphoenolpyruvat (PEP) umgewandelt. 2 ATP werden gebildet und aus 2 NAD$^+$ entstehen 2 NADH + 2 H$^+$. Die 2 PEP reagieren unter Bildung von 2 ATP zu 2 Pyruvat. Energiebilanz: 4 ATP werden gebildet. Aus 2 NAD$^+$ entstehen 2 NADH + 2 H$^+$.

Energie-aufwendungs-phase	Glucose
	↓
	Glucose-6-phosphat
	↓
	Fructose-6-phosphat
	↓
	Fructose-1,6-bisphosphat
	↓
	2 Glycerinaldehydphosphat (G3P)
	↓
Energie-freisetzungs-phase	2 Phosphoenolpyruvat (PEP)
	↓
	2 Pyruvat

Oxidative Decarboxylierung: Dieses Bindeglied zwischen der Glykolyse und dem Citratzyklus findet bereits in der Mitochondrienmatrix statt.

2 Pyruvat als Endprodukte der Glykolyse werden durch CO$_2$-Abspaltung zu 2 Acetat oxidiert. Die dabei freigesetzte Energie wird zur Reduktion von 2 NAD$^+$ zu 2 NADH + 2 H$^+$ sowie zur Verknüpfung von 2 Acetat mit je einem Molekül CoA verwendet. Die entstandenen 2 Acetyl-CoA können jeweils in einen Citratzyklus eintreten. Bilanz aus 2 Pyruvat: 2 NADH + 2 H$^+$, 2 Acetyl-CoA, 2 CO$_2$.

Citratzyklus: Die Acetylgruppe des CoA wird auf Oxalacetat, den Akzeptor des Citratzyklus übertragen. Dabei entsteht Citrat. Citrat steht am Anfang, Oxalacetat am Ende des Citratzyklus. Insgesamt gibt es acht Teilschritte des Citratzyklus, die in der Mitochondrienmatrix stattfinden. Bilanz: Pro Acetyl-CoA entstehen 1 ATP, 3 NADH + 3H$^+$, 1 FADH$_2$, 2 CO$_2$.

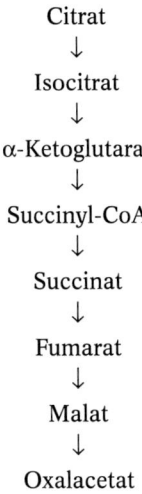

Citrat
↓
Isocitrat
↓
α-Ketoglutarat
↓
Succinyl-CoA
↓
Succinat
↓
Fumarat
↓
Malat
↓
Oxalacetat

Atmungskette: Die innere Mitochondrienmembran enthält vier große Proteinkomplexe, die aus spezifischen Redoxsystemen für den Elektronentransport bestehen. Die Elektronen werden am Ende der Atmungskette auf Sauerstoffmoleküle übertragen. Im Mitochondrium liegen durch Kompartimentierung unterschiedliche Reaktionsräume vor. Der Proteinkomplex I nimmt Elektronen von NADH + H$^+$ auf.

Durch den Elektronentransport gelangen durch die Proteinkomplexe I, III und IV Protonen aus der Mitochondrienmatrix durch die innere Mitochondrienmembran in den Membranzwischenraum. Der entstandene Konzentrationsgradient wird durch das Enzym ATP-Synthase ausgeglichen. Dabei wird ATP produziert.

5

Ein Tracer ist eine radioaktiv markierte Substanz, die an Stoffwechselreaktionen teilnimmt. Um z. B. den Stoffwechselweg von Glucose bei der Zellatmung zu verfolgen wird mit dem Isotop 14C gearbeitet, das in Glucose ($C_6H_{12}O_6$) als Ausgangsstoff eingebracht wird. Die Stoffwechselzwischenprodukte lassen sich durch unterschiedlich lange Inkubationszeiten auftrennen und analysieren. Beispiele für neue Versuchsreihen, bei der die Fotosynthese untersucht werden soll:
Die Ausgangsstoffe der Fotosynthese sind CO_2 und H_2O. Am Ende vieler Zwischenreaktionen liegen Glucose und Sauerstoff als Produkte vor.

Versuchsreihe 1: Die im Fotosyntheseprodukt Glucose enthaltenen C-Atome stammen aus dem aufgenommenen CO_2. Um Zwischenprodukte identifizieren zu können, wird als Tracer ^{14}C in Form von $^{14}CO_2$ als Ausgangsstoff z. B. einer Kultur einzelliger Grünalgen zugeführt. Die Zellen nehmen den Tracer auf und setzen ihn im Stoffwechsel um. Nach Belichtung und verschiedenen Inkubationszeiten werden die Zellen in siedendem Alkohol abgetötet. Die Zwischenprodukte können aufgetrennt, über den Tracer sichtbar gemacht, isoliert und anschließend chemisch analysiert werden.
Versuchsreihe 2: Neben Glucose entsteht bei der Fotosynthese O_2. Sauerstoff ist in beiden Ausgangsstoffen (CO_2 und H_2O) chemisch gebunden enthalten. Zur Klärung der Frage, ob der freigesetzte Sauerstoff aus dem Kohlenstoffdioxid oder aus dem Wasser stammt, kann als Tracer ^{18}O verwendet werden. Es muss eine geeignete Inkubationszeit ermittelt werden. Den pflanzlichen Zellen wird der Tracer in parallelen Versuchsreihen entweder in CO_2 oder in H_2O enthalten zugeführt. Nur in einer Versuchsreihe sollte als Produkt $^{18}O_2$ entstehen.

6

Individuelle Lösung z. B.

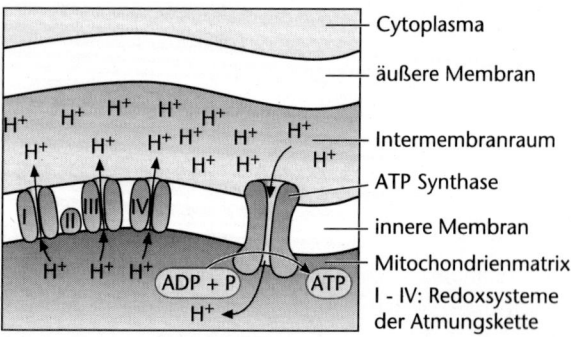

Cytoplasma
äußere Membran
Intermembranraum
ATP Synthase
innere Membran
Mitochondrienmatrix
I - IV: Redoxsysteme der Atmungskette

7

Im aeroben Glucoseabbau werden pro Molekül Glucose 38 Moleküle ATP produziert (Glykolyse: 2 ATP, Citratzyklus: 2 ATP, Atmungskette: 34 ATP). Beim anaeroben Glucoseabbau im Muskel werden pro Molekül Glucose 2 Moleküle ATP gebildet. Die aerobe ATP-Produktion ist damit 19-mal größer als die anaerobe ATP-Gewinnung.

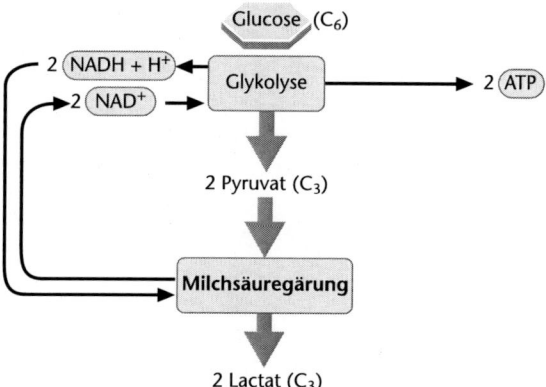

8

Jede Nervenzelle des menschlichen Gehirns benötigt Sauerstoff als Elektronenakzeptor in den Atmungsketten der Zellatmung. Bei einer Unterbrechung der Sauerstoffzufuhr kommt der Elektronentransport in den vier Redoxsystemen der inneren Mitochondrienmembran zum Erliegen. Der Protonengradient kann nicht aufrecht erhalten werden und die ATP-Synthese bleibt aus. Nach 5 Sekunden Sauerstoffmangel entstehen im Gehirn in einigen Bereichen Störungen und es zeigen sich entsprechende Ausfallerscheinungen. Nach 15 Sekunden tritt Bewusstlosigkeit ein. Ein großer Bereich des Gehirns ist betroffen. Die Vitalfunktionen wie Atmung und Herzschlag funktionieren noch und durch Sauerstoffzufuhr (Beatmung) kann der Ausfall behoben werden. Nach 3 Minuten sind Teile des Gehirns durch Zelltod zerstört. Die damit verbundenen Funktionen fallen irreversibel aus. Nach 5 Minuten kann bereits der Gehirntod eintreten. Die Nervenzellen des Großhirns sind weiträumig abgestorben und damit irreversibel zerstört.

9

Das Verbot von Doping soll vor Folgendem schützen:
– dem unfairen Vorteil den die Athleten haben, die leistungssteigernde Substanzen oder Methoden nutzen (→ Werte: Chancengleichheit, Fairness).
– möglichen medizinischen und gesundheitlichen Nebenwirkungen(→ Werte: Gesundheit, Fitness).